Norbert Kilian

Sie kommen zurück
zurück
Band 2

Unsere Haustiere:
Wiedergeburt, Seelenwanderung
Zeichen aus dem Jenseits
Nachtodkontakt

Bibliografische Informationen sind bei der Deutschen Bibliothek im Internet unter www.dnb.de abrufbar.

© 2021 Norbert Kilian
www.sie-kommen-zurueck.de
www.krebsgegner.de
Alle Rechte vorbehalten
Herstellung und Verlag:
BoD - Books on Demand, Norderstedt

ISBN 978-3753421032

Der Mensch sollte allen Tieren
gegenüber Herzensgüte zeigen,
denn wer gewohnt ist, grausam zu
ihnen zu sein, ist genauso
unsensibel den Menschen gegenüber.
Man kann das Herz eines Menschen
schon allein danach beurteilen,
wie er mit Tieren umgeht.
Je mehr man sich dem Studium der
Tiere und ihres Verhaltens widmet,
der Fürsorge, die sie ihren Kleinen
gegenüber an den Tag legen, desto
mehr wird man sie liebgewinnen.

Immanuel Kant, Philosoph

Inhaltsverzeichnis

Zum Schutz der Privatsphäre habe ich die Namen von Personen und Orten teilweise verändert.

Einleitung

Nur wenige Menschen kaufen Teil II eines Buches, wenn sie Teil I nicht gelesen haben. Ich gehe also davon aus, dass Sie, liebe Leser, den ersten Band dieses Buches gelesen haben. Es scheint Ihnen gefallen zu haben, da Sie nun den zweiten Band lesen. Das freut mich.

Im Frühjahr 2016 erschien mein Buch „Sie kommen zurück", inzwischen sind fünf Jahre vergangen. Vieles hat sich seither im Leben von meiner Frau und mir verändert. Im Herbst 2016 mussten wir unsere liebe Kita gehen lassen. Das war hart für uns beide, sehr hart, aber 14,5 Jahre sind ein sehr stolzes Alter für einen Akita Inu. Ein Jahr später haben wir unser Haus verkauft und sind nach Wilhelmshaven in eine kleine Mietwohnung im zweiten Stock gezogen. In dieser Wohnsituation ist ein Hund für uns nicht denkbar und so wird es in unserem Leben wohl nie wieder einen eigenen Hund geben. Obwohl, mit dem Wort nie sollte man vorsichtig sein. Man weiß nicht, welche Überraschungen das Leben bereit hält.

Nach Kitas Tod hatte ich große Probleme, wenn ich andere Hunde sah. Meistens wurde ich schlagartig traurig. Zwei Jahre habe ich gebraucht, bis ich psychisch wieder in der Lage war, einen Hund zu berühren. Inzwischen kann ich wieder mit jedem Hund umgehen. Eine Bekannte von uns hat eine französische Bulldogge. Wir sind oft gemeinsam unterwegs und haben viel Spaß miteinander. Meine Kita war nach ihrem Ableben noch einmal bei mir, als es mir nach einem Surfunfall sehr schlecht ging. Seither habe ich eine gute Verbindung zu ihrer Seele. Die ganze Geschichte werden Sie später noch lesen.

Alle Geschichten, die Sie in diesem Buch lesen werden, wurden mir auf verschiedenste Art zugetragen, mal persönlich, mal per Email oder anonym per Brief. Eines haben aber alle gemeinsam, ich habe sie bekommen, weil ich den Vorgänger dieses Buches geschrieben habe.

Viele Menschen, die mich kontaktierten, suchten nach Antworten und hofften, dass ich ihnen helfen kann. Sie wollten Antworten auf ihre offenen Fragen. Meistens war irgendetwas passiert, das sich nicht erklären ließ und worüber sie auch nicht mit jedem sprechen konnten.

Nicht alles hatte mit Tieren zu tun. Einmal schrieb mir eine junge Mutter, dass sie der festen Überzeugung ist, dass ihr sechsjähriger Sohn die Wiedergeburt ihres vor acht Jahren verstorbenen Zwillingsbruders ist.

Ein Witwer berichtete mir, dass seine Frau 37 Jahre lang ein rotes VW Käfer Cabrio fuhr. Der Wagen sei immer zuverlässig gewesen, wurde regelmäßig gewartet und gepflegt. Seit ihrem Tod springt er nicht mehr an. Keiner Werkstatt ist es gelungen, ihm zum Laufen zu bringen. Alle sagen, er sei technisch einhundert Prozent in Ordnung. Warum er nicht anspringt, können sie nicht erklären.

Eine Frau sagte mir, dass sie seit Jahren regen Kontakt mit ihrer verstorbenen Tochter im Jenseits unterhält. Ein junger Mann erzählte, dass er nachdem er mehrere Monate im Koma gelegen hatte und zweimal reanimiert werden musste, wusste wie sein leiblicher Vater, von dem er bis dahin absolut nichts wusste, heißt, wie er aussieht und wo er wohnt. Als er seine „Träume" überprüfte, fand er seinen Vater, der nichts von seiner Vaterschaft wusste.

Im Frühsommer 2018 habe ich ein Treffen mit vier Ehepaaren, die davon überzeugt waren, dass ihr Haustier wiedergeboren wurde, arrangiert. Da alle ein Wohnmobil oder einen Wohnwagen besaßen, haben wir uns in meiner Nähe auf einem Campingplatz zum gemeinsamen Erfahrungsaustausch getroffen. Bei allen flossen die Tränen. Die Geschichten unterlegt mit Fotos und Videos waren herzzerreißend. Eine davon (20 cm Schneefall) lesen Sie in diesem Buch.

Ich wünsche Ihnen viel Spaß bei der Lektüre.

Unser Benny

Bennys Herrchen berichtet:
Ich schreibe diese Geschichte, um allen, die ihr geliebtes Tier verloren haben, Trost und Hoffnung zu geben.

Benny war unser erster Hund. Eigentlich wollten wir nie einen Hund, da waren die vielen üblichen Vorurteile. Alles käme in Betracht, aber keinesfalls ein Hund. So wie viele Familien kamen wir letztlich über unsere Kinder dazu. Unser jüngerer Sohn ließ nicht locker, das ging bestimmt zwei Jahre so. Wir hatten dann zwei Hasen angeschafft, aber das war natürlich kein Hund und das Thema ging deshalb weiter. Eines Tages legten meine Frau und ich deshalb eine Liste an, welche Punkte für und welche gegen einen Hund sprechen würden. Eigentlich war insgeheim vorher schon klar, dass „ja" rauskommen müsste, aber wir wollten zu unserer eigenen Beruhigung der Prüfung einen sachlichen Touch geben. Es kam (natürlich) ja heraus.

Nach einiger Suche über Zeitungsinserate wurden wir fündig. Ein Bordercolliewelpe von einem Bauernhof, wir bekamen den Welpen im Alter von circa vier Monaten im Jahr 2004. Wir nannten ihn Benny. Er stellte zuhause alles auf den Kopf. Die ersten Wochen waren sehr nervenaufreibend.

Wir machten dann Hundeschule mit ihm. Mit fortschreitender Zeit normalisierte sich allerdings alles zusehends. Benny wurde ein vollwertiges und geliebtes Familienmitglied. Wir haben ihn kein einziges Mal, z.B. wegen Urlaub oder ähnlichem weggegeben. Er war immer bei uns bzw. immer mit dabei. Die Kinder wuchsen mit ihm auf, ein Hund ersetzt tausend Spielzeuge. Es folgten wunderbare Jahre und die Bindung wurde immer noch fester. Die Familie war ohne Benny nicht mehr vorstellbar.

Aber alle Hunde werden älter und bekommen irgendwann auch gesundheitliche Probleme. Die Leiden werden immer mehr und immer schwerwiegender. Die Tierarztbesuche häufen sich und die Liste der zu gebenden Präparate wird immer länger. Der Hund wird ein Pflegefall. Wir pflegten ihn so gerne. Es war ja unser Benny. Man tut alles, was man kann. Vielleicht macht man nicht immer alles richtig, aber man versucht es zumindest. Man bekommt viele Ratschläge, die teils komplett konträr sind. Also entscheidet man irgendwann nach seinem Bauchgefühl. Und das ist rückschauend betrachtet auch richtig so gewesen. Man erkennt, dass die Zeit, wo man sein geliebtes Tier verlieren wird, unweigerlich immer näher rückt und man verdrängt das dann wieder. ER ist ja noch da.

Die letzten Lebensmonate begann Benny, von seinen geliebten Plätzen Abschied zu nehmen. Ich spürte es ganz deutlich. Ich wusste genau, welches seine Lieblingsplätze und -orte waren und er saugte dies alles dort in sich auf, blieb oft sehr, sehr lange dort sitzen. Er wusste, dass er bald gehen muss und wir spürten es auch. Die innere Bindung zu unserem Benny erreichte eine andere Dimension. Da war auf einmal noch viel mehr. Am letzten längeren Spaziergang, wieder auf einer seiner Lieblingsstrecken, gab er mir ein unvergessliches letztes Bild.

Es war an einer kleinen Kapelle auf einem Bergrücken an einem Sonntagmorgen. Es war ein milder, sonniger Tag, kein Mensch zu sehen, nur Ruhe und Stille. Als ich aus der Kapelle rauskam, war er nicht zu sehen. Dann fand ich ihn. Er saß neben der Kapelle auf einem kleinen Kiesweg. Die Kapelle, das Kreuz darauf, die Sonne direkt dahinter, hinter Benny wunderschöner blau blühender Lavendel. Und er selbst sah so anders aus, nicht alt und gebrechlich, sondern wie zu seinen besten Jahren. Und der Blick – voller Zuneigung, unvergesslich!

Ab diesem Zeitpunkt beschränkten sich unsere Ausgänge nur noch darauf, dass er mal macht, mehr ging nicht mehr. Aber er war immer noch unglaublich gerne in der Familie und hatte Lebensfreude.

16

Doch dann hatte auch diese Zeit ein Ende. Es waren dazu Wochen einer unglaublichen Hitzewelle mit Temperaturen jenseits der 30 Grad und das fast täglich. Er musste sehr stark leiden. Wir hatten uns deshalb geeinigt, ihn die nächste Woche gleich montags einschläfern zu lassen. An seinem letzten Lebenstag hatte er meine Frau morgens noch schwanzwedelnd begrüßt. Aber er konnte nicht mehr laufen.

Wir wussten aber da noch nicht, dass bereits dieser Tag der letzte sein würde. Es war der 04.08.2018. Benny wurde 14 Jahre und 4 Monate alt. Wir waren auswärts zu einem runden Geburtstag eingeladen. Benny musste alleine zuhause bleiben. Zwischendurch bin ich zweimal nachmittags zu ihm heimgefahren. Die Hitze machte ihm schwer zu schaffen. Aber sonst war noch nichts zu merken. Abends waren wir bei den Verwandten noch zur Brotzeit dort zuhause eingeladen. Nach ca. einer halben Stunde dort ergriff mich eine furchtbare riesige innere Unruhe. Ich musste sofort heim zu Benny. Er hatte mich gerufen. Ich verließ die Feier sofort wieder.

Als ich bei Benny war, merkte ich dass es zu Ende geht. Eine Stunde saß ich bei ihm, habe ich gestreichelt, mit ihm geredet und ihm alles gesagt, was ich ihm schon immer sagen wollte. Es war ein unheimlicher Frieden im Raum und für uns beide. Ich sagte zu ihm auch, bitte melde dich dann aus der anderen Welt. Niemals hätte ich gedacht, dass dies dann auch wirklich geschehen würde. Die ganze Familie kam später zusammen und Benny starb bei uns am Abend im Kreise unserer ganzen Familie.

Wir brachten ihn noch spätabends zu einer Tierbestattung in der Nähe, es war dort sehr würdevoll, er lag auf seiner Lieblingsdecke und es wurden Kerzen um ihn aufgestellt. Wir ließen ihn einäschern, die Urne haben wir später auf unserer Terrasse mit einer schönen Pflanze bestattet.

Drei Tage nach seinem Tod saßen wir (meine Frau und ich) beim Frühstück im Esszimmer, hatten beide Urlaub. Es war ein milder, sonniger und ruhiger Morgen. ER fehlte unendlich!

Wir können von unserem Esszimmer auf die Terrasse blicken, einige Meter davor befindet sich eine circa 3 m hohe Mauer mit einer flachen Mauerkrone zum Nachbarhaus, das deutlich höher liegt.

Es erschien dort eine Taube. Wir haben hier nur sehr wenige Tauben. In Städten sind sie überall. Bei uns in dieser ländlichen Ortschaft nicht. Manchmal sitzt eine beim Nachbarhaus unter dem Dach, aber nicht oft und nicht woanders. In unserem Garten haben wir hier in Jahrzehnten nie welche gesehen. Sie beobachtete uns sehr lange von der Mauerkrone aus uns saß merkwürdig da.

Meine Frau sagte: „Schau, die Taube, sie ist so seltsam." Ich erkannte es zunächst nicht. Doch dann nach circa zehn Minuten flog sie auf einmal sehr schnell auf die Terrassentür zu. Wir dachten schon, oh je, jetzt prallt sie wie viele Vögel an die Glasscheibe. Aber so war es nicht. Sie blieb lange auf derselben Stelle fliegend in circa 1 m Höhe, aber im Abstand von einigen Zentimetern zur Scheibe vor der Terrassentür und wollte unbedingt in die Wohnung. Wir öffneten zunächst nicht, waren von allem total überrascht und nicht darauf gefasst. Sie lief dann zunächst auf der Terrasse hin und her, saß auf einem Gartenstuhl auf der Lehne und beobachtete uns unentwegt. Als meine Frau dann schließlich die Tür öffnete, flog sie sofort vor ihr Gesicht, blieb dort fliegend stehen und dann von dort auf ihren Kopf und setze sich dort hin. Ich ging auch hinaus. Sie flog dann auch zu mir, blieb auch vor meinem Gesicht länger fliegend stehen und setzte sich dann auch auf meinem Kopf. Sie signalisierte durch ihr extrem auffälliges und unnatürliches Verhalten, dass hier etwas ganz Besonderes geschieht und dass wir es auch merken sollten.

Es war nicht *wie* aus einer anderen Welt, es war wirklich aus einer anderen Welt. Es war ein unbeschreibliches Gefühl! Es war ER! Ich setzte die

Taube (sie saß dann auf meinem Handrücken) auf einen Tisch im Garten. Von dort aus lief sie am Boden durch den Garten und kam dann wieder zur Terrasse zurück. Dann geschah alles oben geschilderte nochmal – die Taube blieb nochmal bei mir und dann bei meiner Frau vor dem Gesicht fliegend stehen und ging dann wieder auf den Kopf. Es war unbeschreiblich. Das ganze dauerte insgesamt fast eine halbe Stunde, dann flog die Taube weg.

Einige Wochen später steckte eine wunderschöne ca. 15 cm lange Taubenfeder an meinem Holzschuppen im Garten an der Wandverkleidung. Diese ist dort total glatt, es kann eigentlich nichts dort hängen bleiben, die Feder war fest dort, wie mit Sekundenkleber befestigt und hing so fast 2 Wochen voll auffällig, selbst stärkerer Wind entfernte sie nicht. Seitdem haben wir oft besonders schöne und auffällige Federn gefunden.

Nach zwei Jahren waren wir bereit für einen neuen Hund. Aber irgendwie wurde es trotzdem nichts. Tausend Wenn und Aber, unlösbar. Das ging über ein halbes Jahr so. Wir nahmen eine wertvolle Tierkommunikation in Anspruch. Wir haben viele wunderbare und weise Botschaften von Benny erhalten. Und wir bekamen einen Tipp von ihm, was wir machen sollen. Das taten wir. Uns wurde eine Hündin angekündigt und dass es ganz schnell gehen werde. Dann ging es ganz schnell. Es war eine Hündin. Wir bekamen noch zwei wunderschöne sehr große schneeweiße Federn (Schwanenfedern) extrem auffällig als klaren Hinweis, dass SIE die Richtige ist, eine vorher und eine direkt beim ersten Gassigehen mit ihr nachher.

Unsere neue Hündin heißt Kira. Sie ist schneeweiß. Ihr Name von der Organisation war Snowwhite. Es ging alles rasend schnell. Über eine Tierschutzorganisation, die Hunde aus dem Ausland vermittelt, bekamen wir die Telefonnummer einer Pflegestelle direkt im Nachbarlandkreis. Wir riefen dort an, konnten sie am selben Tag sofort ansehen, hatten auch sofort die Möglichkeit zu einem Telefonat mit dem örtlichen Tierschutzverein zu unserer Überprüfung bekommen und haben sie deshalb dann auch gleich mitnehmen können. Es war Liebe auf den ersten Blick. Wir hatten innerhalb drei Stunden unsere Kira bekommen. Kira hat uns den Sommer zurückgebracht. Und Benny hat uns dabei geholfen. Benny ist immer bei uns.

Wenn wir ein Tier geliebt haben und das Tier uns, wird es uns nicht verlassen. Man muss Augen, Ohren und vor allem das Herz für die Zukunft offen halten und darauf vertrauen, dass das Richtige passieren wird.

Ein Zufall gibt Hoffnung

Eine Email, die mich sehr erfreute.

Letzte Woche stand Ihr Auto auf dem Parkplatz vor unserem Haus. Ich sah durch mein Küchenfenster die Aufschrift www.sie-kommen-zuruek.de und rätselte. Was heißt das? Wer kommt zurück? Ich dachte, es sei etwas Religiöses oder irgendwas mit Außerirdischen, aber nein, es ging um die Seele von verstorbenen Tieren.

Eine Woche zuvor mussten wir unsere Putzi über die Regenbogenbrücke gehen lassen. Achtzehn Jahre war sie bei uns und dann finde ich Ihre Seite und lese die Bewertungen bei Amazon. Ist das ein Zufall? Nie im Leben kann das Zufall sein. Wir hoffen nun, dass Putzi zurückkommt. Ihr Buch hat uns die Hoffnung darauf gegeben. Tausendmal Danke, dass Sie vor unserem Haus geparkt haben.

Mysterie, der Rabe

Email-Reaktion auf die Geschichte „Die Elster" in Band 1.

Hallo Herr Kilian, die Geschichte in Ihrem Buch von Gunnar und den Elstern hat uns extrem bewegt, wahrscheinlich weil wir etwas ähnliches aber doch ganz anderes selbst erlebt haben.

Eigentlich wollten wir nur einen Welpen und hatten uns auch schon für einen lebhaften Rüden entschieden, aber als wir ihn abholen wollten, erklärte uns der Züchter, dass es nicht möglich sei, unseren Welpen von seiner Schwester zu trennen. Die Schwester war vor einigen Tagen von ihrer neuen Familie abgeholt und nach zwei Tagen zurück gebracht worden. Sie hatte die ganze Zeit nur gejault, nichts gefressen und kaum getrunken. So kamen wir zu zwei Hunden, Bonnie und Clyde.

Unsere Hunde machten uns glücklich. Es gab keinen Neid, keine Unstimmigkeiten und nie Probleme. Aber leider ist das Leben nicht fair und manchmal ist es sogar grausam. Bonnie starb zwei Tage vor Silvester an einem Herzinfarkt, ausgelöst durch einen riesigen Böller, den irgendjemand über unseren Gartenzaun zu ihr geworfen hatte. Zu diesem Zeitpunkt waren unsere

Hunde neun Jahre alt. Clyde blieb traurig allein zurück. Er hatte jede Lebensfreude verloren. Er wolle nicht mehr in den Garten, fraß nur noch sehr wenig und war durch nichts zu motivieren.

Zwei oder drei Wochen nach Bonnies Tod stand Clyde plötzlich auf und lief zur Terrassentür. Er fiepte, sprang hin und her und wollte unbedingt in den Garten. Ich ließ ihn raus und er lief sofort zu Bonnies Urnengrab und blieb dort stehen. Er hielt den Kopf schräg, gab kurze Freudenlaute von sich und war ab diesem Moment wieder der gut gelaunte, agile, aufmerksame und verschmuste Hund, der er sein Leben lang war. Ich weiß, dass er mit Bonnies Seele „gesprochen" hat. Sie hat ihm gesagt, dass sie zurückkommen wird. Anders kann das nicht erklärt werden.

Später im Jahr, etwa Anfang September, saß ein junger Rabe auf dem Rasen in unserem Garten. Normalerweise lief Clyde immer hinter den Vögeln her, um sie zu verscheuchen, nicht jedoch bei diesem Raben. Clyde ging in den Garten, sah den Raben, hielt den Kopf schräg, schwänzelte und gab genau wie damals am Grab Freudenlaute von sich.

Der Rabe ist immer noch in unserem Garten, er hat ihn, soweit wir es beurteilen können, in den letzten drei Jahren nicht verlassen. Wir nennen sie Mysterie. Clyde und Mysterie sind unzertrennlich. Sie fressen gemeinsam aus einem Napf, sitzen zusammen unterm Sonnenschirm und scheinen sich ständig miteinander zu unterhalten. Das ist sehr spaßig anzusehen, da beide gleich groß sind. Uns gegenüber war Mysterie anfangs ein paar Tage reserviert. Das hat sich aber sehr schnell grundlegend geändert. Wenn die Terrassentür aufsteht, kommt sie hereinspaziert und läuft durch die Wohnung, Clyde immer hinter ihr. Sie lässt sich problemlos von Hand füttern und fährt leidenschaftlich gerne Aufzug. Das sieht so aus, dass sie immer auf meinen Schuh steigt und dann nach oben gehoben wird. Dann steigt sie auf meine Hand und ich setze sie auf meine Schulter. Wenn sie mir dort lästig wird, setze ich sie auf den Boden und sofort hüpft sie wieder auf meinen Fuß. Das macht sie nur bei mir, nie bei meinem Mann. Sie beachtet ihn kaum.

Als Bonnie noch lebte, war es ähnlich. Clyde macht zwischen meinem Mann und mir keinen Unterschied, er lässt sich auch von jedem von uns bereitwillig bürsten oder baden. Bonnie lehnte bürsten oder gar baden durch meinen Mann von Anfang an ab. Tja, und nun ist es mit Mysterie das gleiche. Für mich ist es überhaupt keine Frage, die Seele von Bonnie ist zurück.

Unser Leben hat sich, seit Mysterie bei uns ist, vollständig verändert. Seit drei Jahren waren wir nicht mehr im Urlaub, noch nicht einmal eine

Nacht waren wir beide gemeinsam außer Haus. Wir haben Angst, dass Mysterie das falsch verstehen könnte und bei unserer Rückkehr verschwunden ist. Auch aus unserem Freundeskreis haben wir uns immer mehr zurück gezogen. Wir mögen keine oberflächlichen Gespräche mehr. Seit zweieinhalb Jahren essen und leben wir vegan, weil wir davon überzeugt sind, dass in jedem Tier eine Seele steckt, die schon seit Ewigkeiten existiert. Wir sehen es heute so, dass man Tiere nicht essen sollte und natürlich sollte man auch ihre Produkte wie zum Beispiel Leder nicht nutzen.

Wenn man sich zu solchen Themen anderen gegenüber äußert, wird man ganz schnell in die dunkelgrüne Ökoschublade gesteckt. Also bleibt uns Smalltalk als Kommunikation und dazu haben wir beide keine Lust. Inzwischen lesen wir sehr viel. Anfangs haben wir über Nahtoderfahrung, das Leben nach dem Tod und über Seelenwanderung gelesen. Das machen wir jetzt nicht mehr, weil wir festgestellt haben, dass in fast allen Büchern das gleiche steht.

Dann hatten wir uns viel mit Religion beschäftigt. Wir haben die verschiedenen Religionen miteinander verglichen und festgestellt, dass auch hier alles ziemlich identisch ist. Wir haben Stellen in der Bibel und im Koran entdeckt, in denen ganz klar von einer Wiedergeburt in einem anderen

Körper die Rede ist. Nicht im Himmel, nicht am jüngsten Tag, sondern immerzu. Das Leben endet, ein neues beginnt. Die Seele ist immer dieselbe. Aber auch diese Phase liegt inzwischen hinter uns.

Wir müssen nicht mehr überzeugt werden. Wir brauchen auch keine Beweise. Inzwischen wissen wir das, was andere nur vermuten oder glauben. Die Wiedergeburt ist real, wir haben es erlebt und sehen es jeden Tag, wenn wir Clyde und Mysterie betrachten.

Zeichen mit dem Spiegel

Die folgende Geschichte wurde mir von einer Nachbarin erzählt.

In unserem Flur hängt ein großer, schmaler, sehr alter Spiegel mit einem schönen geschnitzten Holzrahmen. Unser Hund Drago war in sein Spiegelbild verliebt. Er konnte stundenlang in den Spiegel sehen, hielt seinen Kopf schief, schwänzelte und stupste sein Gegenüber immer ganz vorsichtig mit der Nase an. Der Spiegel war bis auf Kniehöhe immer mit Nasenabdrücken übersät und das ist er immer noch, obwohl Drago seit Jahren tot ist. Ich bin keine schlechte Hausfrau, aber nach Dragos Tod habe ich es einfach nicht fertig gebracht, ihn von seinem geliebten Platz „wegzuputzen".

Ein Jahr nach Dragos Tod geschah etwas Seltsames. Der Spiegel hing eines Morgens schief. Am Tag zuvor hatte ich in die obere rechte Ecke ein Foto von Drago geklemmt. Ich richtete den Spiegel wieder aus, aber am Abend war er wieder schief. Der Spiegel hängt nur an einem dicken Haken. In der Vergangenheit kam es immer wieder vor, dass er schief hing, zum Beispiel nach dem Putzen oder wenn Drago ihn angestupst hat, aber von alleine, das hat es nie gegeben.

Im Prinzip hängt der Spiegel nun ständig schräg. Mal hängt er nach links, mal nach rechts, das ist doch völlig unlogisch. Ich glaube, dass Drago uns zu verstehen geben möchte, dass er immer noch bei uns ist.

Geräusche

Im Internet habe ich eine interessante Diskussion gefunden. Auslöser ist eine Frau, die noch fast ein Jahr nach dem Tod ihres geliebten Hundes nachts seine Geräusche hört, also sein Schnarchen und sein Räkeln im Korb.

Ein Diskussionsteilnehmer meint, dass unser Gehirn bestimmte Geräusche gewohnt ist und wenn ein Hund, wie in diesem Fall, vierzehn Jahre lang die gleichen Geräusche gemacht hat, kann es sein, dass das Gehirn glaubt, die gewohnten Geräusche zu hören.

Ich finde das einleuchtend. Dem widerspricht die Frau jedoch entschieden, da auch ihr neuer Lebenspartner die Geräusche hört, obwohl er den Hund überhaupt nicht kannte.

Das umgedrehte Foto

Diesen Brief kam eines Tages mit der Post, ich drucke ihn im Originalwortlaut ab. Wer der Absender ist, habe ich nicht erfahren.

Sehr geehrter Herr Kilian,

meine Meggy musste ich mit zwölf Jahren einschläfern lassen. Das war fürchterlich für mich. Ich hatte sonst niemanden.

Am Abend saß ich vor den Fernseher, darunter ein Foto im Rahmen von Meggy. Sie sah mich an, ich sah sie an. Den Film habe ich nicht gesehen. Nächsten Tag das gleiche, ich habe nur das Foto gesehen. Ich wurde immer trauriger, darum habe ich am nächsten Tag das Foto umgedreht, aber am Morgen war es wieder umgedreht also zurück, so dass ich Meggy wieder sehen konnte.

Das hat der Geist von Meggy gemacht, sie ist wieder bei mir. Ich schreib das, weil ich weiß, dass Sie solche Geschichten sammeln.

Freundlichst A.L.

Captain

In unserem Fitnesscenter haben wir eine Frau kennengelernt. Ihre Familie hat einen siebzehn Jahre alten großen, schwarzen Hund.

Bei einem Gespräch in der Sauna erzählte sie uns, dass die ganze Familie davon überzeugt ist, dass Captain, so der Name des Hundes, in seinem früheren Leben ein Mensch war. Sie sagt: „Man kann ganz normal mit ihm sprechen, er versteht alles. Das merkt man an seinen Reaktionen und seinem Verhalten."

Das ist nicht unser Oskar

In einer Tierzeitschrift stand die folgende Geschichte, sie wurde mir zugeschickt.

Unser Haus liegt am Ende einer Sackgasse in einer Senke. Bei starken Regenfällen hatten wir schon öfter leichte Probleme, weil das Wasser durch die Kanalisation in den Keller drückt. 10 cm Wasser im Keller nach einem Regen sind bei uns fast schon normal. Im Sommer 2013 war es aber anders. Es gab einen Wolkenbruch und wir sahen, wie das Wasser circa einen Meter hoch die Straße herunter geschossen kam und innerhalb weniger Sekunden lief unser Keller voll und zwar bis zur Decke.

Wir waren machtlos und schockiert und konnten nur hilflos zusehen. Plötzlich schrie unsere Tochter „Oskar ist im Keller". Er war nirgends im Haus. Mein Mann rannte nach draußen, öffnete das Garagentor, aber dort war war unser Hund nicht. Erst mehrere Minuten später, als das Wasser etwas abfloss, sahen wir Oskar in der Nähe der Treppe unter der Decke im Wasser treiben. Er war ertrunken.

Mein Mann hat ihn mit einem Besen aus dem Wasser geangelt, weil er Angst vor einem Stromschlag hatte und ihn in den Flur gelegt. Unsere Tochter fing an zu schreien: „Papa tu was! Du bist doch Sanitäter, tu was, tu was!". Obwohl nicht die geringste Chance für Oskar bestand, begann mein Mann mit Mund zu Nase Beatmung und Herzdruckmassage. Immer wenn er aufhören wollte, schrie unsere Tochter wie am Spieß „Tu was, tu was!" und plötzlich bewegte sich Oskar, er lebte. Mein Mann konnte es nicht glauben. Der Hund war seit mindestens dreißig Minuten tot. Oskar war völlig verwirrt, total erschöpft und fiepte in ganz hohen Tönen. Als er nach mehreren Stunden aufstand, lief er tapsig durch den Flur und pinkelte auf den Teppich.

Das ist nun fünf Jahre her und wir sind uns sicher, dass dies zwar der Körper unseres Oskar ist, aber nicht seine Seele. Nach dem Vorfall war Oskar ein komplett anderer Hund. Er benahm sich lange Zeit wie ein Welpe. Wir mussten ihm alles neu beibringen, er wusste gar nichts mehr. Er pinkelt jetzt im Sitzen wie eine Hündin und wurde von allen Nachbarhunden bei der ersten Begegnung entweder gebissen oder aggressiv angebellt. Die Hunde hatten verstanden, was wir jetzt auch wissen. Das ist nicht unser Oskar.

Als mein Vater starb, waren seine letzten Worte: „So, und nun geh ich mal nachschauen, was die Seele von eurem Oskar im Himmel so macht."

Seltsamer Computer

Als ich im Internet wegen eines technischen Problems unseres Computers recherchierte, fand ich einen interessanten Eintrag.

Eine Frau berichtet, dass ihr ein Bild ihrer verstorbenen Katze Lulu mehrfach auf dem Bildschirm ihres Computers erschienen ist. Auch ihr Sohn und dessen Freundin hätten es gesehen. Auf diesem Bild sitzt Lulu auf einer Natursteinmauer, im Hintergrund sieht man das blaue Meer. Die Vegetation ist mediterran und sonnendurchflutet. Das Bild sieht aus, als sei es vor vielen Jahren als Lulu noch jung war, irgendwo am Mittelmeer aufgenommen worden.

Aber Lulu ist nie am Meer gewesen. Als reine Wohnungskatze war sie niemals draußen. Dieses Bild kann also nicht irgendwo entstanden sein und warum es immer wieder für Sekundenbruchteile erscheint, kann niemand erklären. Angeblich ist das technisch vollkommen unmöglich.

Lieblingsplatz Regalwand

Auszug aus einem handschriftlichen Brief, der mir zugeschickt wurde.

Unser Kater Stanislaus war 14 Jahre bei uns, ein liebes, ruhiges Tier. Wir bekamen ihn von Freunden, als er ein halbes Jahr alt war. Als er zum ersten Mal in unser Wohnzimmer kam, stolzierte er gebieterisch umher, dann entschied er, dass ein Fach in unserer großen Regalwand optimal für ihn geeignet sei und sprang hinein. Wir akzeptierten das, räumten die Fotos, die dort standen, beiseite und Stani hatte einen Lieblingsplatz. Hier schlief er auch für immer ein. Eines Morgens hatte er uns überraschend verlassen.

Für immer? Nein, er kam zurück.

Mein Mann wollte schon immer einen Hund. Drei Jahre nach Stanis Tod ging mein Mann in Rente und sofort auf die Suche. Passend zu ihm sollte es ein großer, kräftiger, imposanter Hund sein. Eines Morgens war in der Zeitung ein Foto von einem mittelgroßen, schlanken, einjährigen Hund, der ein neues Zuhause suchte. Mein Mann meinte, dass er diesen Hund unbedingt haben müsse, warum wüsste er nicht.

Wir fuhren sofort zum Tierheim, aber dort sagte man uns, dass Pluto, so der Name des Hundes, kein Hund für Anfänger sei. Seine vorherige Familie hatte ihn abgegeben, weil er nicht in der Wohnung bleiben wollte. Außerdem sei er sehr eigensinnig und wahrscheinlich schwer zu erziehen. Man wollte uns den Hund noch nicht einmal zeigen, was man dann aber auf Drängen meines Mannes doch tat.

Wir gingen zum Zwinger, sahen Pluto und sagten beide gleichzeitig „Ja". Ein bisschen Hin und Her mit den sehr kritischen Menschen aus dem Tierheim, dann einigten wir uns darauf, dass zwei Mitarbeiter des Tierheims mit Pluto zu uns kommen, um die Örtlichkeiten in Augenschein zu nehmen.

Zwei Tage später war es soweit, die Tierheimmitarbeiter standen mit Pluto vor der Tür. Zuerst gingen wir gemeinsam in den Garten. Da unser Garten vollständig eingezäunt ist, konnten wir Pluto laufen lassen. Kaum war er von der Leine, lief er auf die Terrasse und von dort durch die offene Tür in die Küche. Dann gab es einen lauten Knall, man hörte Glas brechen. Wir liefen ins Haus und fanden Pluto im Wohnzimmer, wo er auf Stanis Platz in unserer Regalwand saß. Er war hineingesprungen und hatte dabei einen Lautsprecher, eine Blumenvase mit Blumen und mehrere Fotos von Stani herunter gestoßen.

Unsere Regalwand ist nur 30 cm tief und das Fach nur 35 cm hoch. Pluto passte mit seiner Schulterhöhe von 40 cm eigentlich überhaupt nicht hinein. Entsprechend seltsam sah das aus. Als die Mitarbeiterin des Tierheims ihn herausholen wollte, fletschte er die Zähne und begann bedrohlich zu knurren. Mein Mann und ich sahen uns an und mussten lachen. Dann sagte mein Mann: „Pluto, du hast ein neues Zuhause!"

Nun gab es Ärger mit den Tierheimmitarbeitern, weil sie Pluto, so wie es geplant war, wieder mitnehmen wollten. Sie seien nicht befugt, zu entscheiden, ob wir den Hund bekommen oder nicht. Das würde die Leiterin des Tierheims gemeinsam mit einem Mitglied des Vorstandes morgen Vormittag bestimmen. Wir einigten uns darauf, dass wir jetzt alle gemeinsam zum Tierheim fahren, Pluto dort abgeben und morgen früh brav „bitte, bitte" machen.

So weit, so gut, aber da machte Pluto nicht mit. Er ließ sich absolut nicht dazu bewegen, sein Regalfach zu verlassen, er schnappte sogar nach der Hand der Tierheimmitarbeiterin. Pluto wollte hier bleiben. Wir versuchten, das den beiden klar zu machen. Sie bestanden jedoch weiterhin auf die Mitnahme.

Während mein Mann noch diskutierte, fegte ich die Scherben zusammen und da die Diskussion immer lauter und hitziger wurde, schlug ich vor, in den Garten zu gehen, um Pluto nicht noch weiter zu stressen. Es war 16.30 Uhr, Dienstschluss, und plötzlich standen unser Sohn mit seiner Kollegin und Freundin Marlena, beide in ihren Polizeiuniformen, im Wohnzimmer. „Was ist denn hier los?" fragte er.

Die Tierheimmitarbeiterin begann die Problematik zu erklären, weit kam sie mit ihren Ausführungen nicht, denn mein Mann berief sich auf sein Hausrecht und forderte alle Anwesenden auf, das Haus sofort zu verlassen. „Darf er das?" fragte der Tierheimmitarbeiter meinen Sohn. Wieso da auf einmal zwei Polizisten standen, wunderte ihn augenscheinlich nicht.

„Ja" sagte Marlena „laut § 903 BGB hat der Eigentümer eines Hauses das Recht dazu."

„Das ist aber unser Hund." sagte der Tierheimmitarbeiter.

„Dann nehmen Sie ihn doch einfach mit." meinte Marlena.

„Der will aber nicht" antwortete der Tierheimmitarbeiter.

„Das ist ihr Problem." war Marlenas Antwort.

„Alle raus jetzt hier" sagte mein Mann energisch.

Wir gingen alle in den Garten, wo die Diskussion weiter lief. Nebenan wohnt mein Schwager Manfred und als er hörte, dass bei uns Ramba Zamba ist, kam er natürlich sofort herüber. Er könnte ja etwas verpassen. Mein Schwager ist ein Komiker wie er im Buche steht. Während seines Studiums war er als Alleinunterhalter unterwegs. Er und mein Mann sind bei allen Familienfeiern immer ein unschlagbares Team.

Wir erklärten Manfred was los ist und plötzlich rief mein Mann: „Das Zeichen, da ist das Zeichen! Gott hat mir ein Zeichen gegeben!" Dann erklärte er, dass er als Buddhist an die Wiedergeburt glaube und dass er Gott um ein Zeichen gebeten habe und Pluto sei zwar Pluto, aber eben auch die wiedergeborene Seele von Stani. Er nahm sein Handy und zeigte Bilder von Stani, wie er an der gleichen Stelle in der Regalwand liegt wie jetzt Pluto. Marlena fing an zu lachen.

Mein Mann hörte nicht auf. Immer wieder sagte er: „Gott hat mir das Zeichen gegeben." Dass es im Buddhismus keinen Gott gibt, hatte er wohl vergessen. Wahrscheinlich weil er nie Buddhist war. Inzwischen saß Marlena auf dem Gras und kriegte sich vor Lachen nicht mehr ein.

Dann sagte Manfred: "Also, so wie ich das sehe, ist Pluto Eigentum des Tierheims, seine Seele ist aber die von Stani. Da Stani viel älter ist, habt ihr auch die älteren Rechte und somit gehört Pluto euch."
„Blödsinn!" meinte der Tierheimmitarbeiter.

„Nein" sagte Manfred „wenn Sie in ihr Auto einen neuen Motor einbauen, bleibt es immer noch ihr Auto und es gehört nicht dem Motorhersteller."

„Richtig" sagte mein Mann „und wenn ich einen Motor habe und eine andere Karosse daraufsetze, ist es das gleiche."

Marlena rief: „Aufhören oder ich mach mich nass" die Tränen liefen ihr über das Gesicht. „Wir werden hier ganz massiv verarscht" sagte der Tierheimmitarbeiter. Dann wandte er sich an unseren Sohn, der bis dahin einfach nur so dastand und sagte: „Was meinen Sie denn dazu?"

„Tut mir leid, ich bin nicht mehr im Dienst, aber ich kann gerne ein paar Kollegen anfordern. Möchten Sie das?"

„Jetzt hört doch mal mit dem Quatsch auf." sagte Manfred „Wir brauchen keine Polizisten, sondern einen Exorzisten." Außer Marlena, die inzwischen auf dem Rücken lag und nur noch lachte, waren alle erwartungsfroh still.

„Also" fuhr Manfred fort „es scheint klar zu sein, dass die Seele von Stani in Pluto gefahren ist, darum sitzt Pluto jetzt im Regal. Also muss man die Seele wieder austreiben, damit der Hund freiwillig aus dem Regal kommt. Solche Austreibungen nimmt nach wie vor die katholische Kirche vor. Ich rufe jetzt sofort den Bischof an, damit er uns einen Exorzisten schickt." Dann zückte er sein Handy und ging in den hinteren Gartenteil.

Die Tierheimmitarbeiterin meinte nun, dass es ihr endgültig reicht, ob das hier „Verstehen Sie Spaß" oder so etwas sei? „Ich gehe jetzt" und weg war sie.

Der andere Tierheimmitarbeiter meinte, dass er nicht gehen könne, weil er die Verantwortung für den Hund habe und alle hier Anwesenden einen sehr unreifen und dämlichen Eindruck machten.

Marlena hörte auf zu lachen und fragte unseren Sohn, ob das jetzt eine Beamtenbeleidigung nach § 185 StGB gewesen sei? „Weiß nicht," sagte er „ich bin nicht im Dienst."

„Möchte jemand etwas trinken?" fragte ich. „Cola" rief Marlena, „Radler" sagten Mann und Sohn. Manfred stand noch immer im Garten und telefonierte. Pluto lag nach wie vor im Regal und sah trotz der unbequemen Haltung sehr zufrieden aus. Alle vier Pfoten hingen nach draußen und als er mich sah, begann er zu schwänzeln.

Kurze Zeit später kam Manfred zu uns zurück. „Alles klar," sagte er „Pluto bleibt hier, die Formalitäten werden morgen erledigt." Mein Schwager ist nicht nur ein ehemaliger Komiker, sondern auch Anwalt für Vertrags- und Vereinsrecht. Das Tierheim ist Klient der Kanzlei, in der er angestellt ist. Nach einem kurzen Telefonat zog der Tierheimmitarbeiter grußlos ab.

Das ist nun bereits fünf Jahre her, Pluto ist glücklich bei uns. Wir haben die Regalwand so modifiziert, dass er mehr Platz hat, denn noch immer ist dort sein Lieblingsplatz. Was für meinen Mann anfangs nur ein Scherz war, nämlich dass Pluto die Seele von Stani hat, ist inzwischen unser aller Überzeugung. Sein Verhalten ist so was von Stani, das kann kein Zufall sein.

Aus einer Email

Seit siebzig Jahren habe ich einen Hund. Inzwischen ist es der sechste. Sechs verschiedene Körper, aber immer dieselbe Seele.

Flocki

Als ich mit einem Sportkameraden über Wiedergeburt gesprochen habe, hat er mir Folgendes erzählt.

Als Kind hatte mein Vater einen großen schwarzweißen Mischlingshund als ständigen Begleiter. Es muss ein sehr sensibler Hund gewesen sein, denn mein Vater erzählte, dass Flocki bei traurigen Filmen anfing zu winseln und zu jaulen. Anscheinend spürte er die Emotionen der Familie und das sogar, wenn er scheinbar schlief.

Mit 69 Jahren musste sich mein Vater einer komplizierten Herzoperation unterziehen. Alles ging gut und schon nach einer Woche konnte er wieder in der Klinik und im Park herumlaufen. Als ich ihn an einem Sonntag besuchte, spazierten wir gemeinsam durch den Park und sprachen über meine neue Arbeitsstelle. Plötzlich blieb mein Vater stehen und sagte total überrascht: „Flocki, wo kommst du denn her?" Dann fiel er um und war sofort tot.

Ich habe keinen Hund gesehen und es war auch keiner im Park. Ich bin überzeugt, dass mein Vater von Flocki abgeholt und ins Jenseits begleitet wurde.

Mein zweijähriger Sohn sieht unseren verstorbenen Hund

Aus einer Email, die mich erreichte:

Das wird uns wohl keiner glauben, aber mein Mann, meine Mutter und ich sind ganz sicher, dass unser verstorbener Hund Berry noch immer bei uns ist. Berry und unser Sohn Samuel waren immer ein tolles Gespann. Als Samuel geboren wurde, war Berry schon zwölf Jahre alt. Er liebte unseren Sohn vom ersten Augenblick an, anders kann man es nicht beschreiben. Samuels erste Schritte machte er, indem er sich an Berrys Ohr festhielt. Wenn Berry unter den Wohnzimmertisch kroch, krabbelte Samuel hinterher. Wenn Samuel mal nicht im Haus war, saß Berry die ganze Zeit angespannt vor der Haustür und wartete auf seine Rückkehr.

Eines Morgens stand Berry nicht auf, noch am gleichen Abend ist er gestorben. Wir haben ihn im Garten begraben und fürchterlich geweint. Samuel verstand das alles natürlich nicht. In den folgenden Tagen fragte er immer wieder, wann Berry wiederkäme. Das war sehr schlimm für uns alle. Knapp eine Woche später kam Samuel freudig in die Küche gerannt und sagte: „Berry ist wieder da."

Er kann ihn sehen, wir nicht. Aber wir spüren, dass er hier ist. Wir haben sein Körbchen und seine Schüssel wieder hingestellt. Die Leine hängt wieder neben der Tür. Berry ist zurück.

Das Zauberwort

Der Glaube an eine Rückkehr reicht nicht. Auch der Wunsch reicht nicht, man muss bereit sein, es zuzulassen. Das ist schwerer als Glaube oder Wunsch, weil es im Widerspruch zu unserer Erziehung, unserer Erfahrung, ja sogar unserer gesamten Kultur steht. Wir müssen zulassen, dass Wunder geschehen. Wir müssen zulassen, dass Seelen zu uns zurückkommen. Zulassen ist das Zauberwort.

Zweimal Kimba

Hallo Herr Kilian, ich möchte Ihnen gerne erzählen, wie ich an ihr Buch gekommen bin.

Als kleines Mädchen hatte ich eine rotbraune zugelaufene Katze. Also eigentlich ist sie uns nicht zugelaufen, sondern ganz gezielt mir hinterher. Ich durfte sie behalten, wir nannten sie Kimba. Jahre später, ich war auf Klassenfahrt, wurde Kimba überfahren. Ich wollte nie wieder ein Tier haben, so groß war der Schmerz.

Das Leben ging weiter, Studium, Ehe, zwei Kinder, ein eigenes Haus und wie es so ist, die Kinder wollten gerne einen Hund. Ich mag keine Hunde, ich bin ein Katzenmensch. Diese Unterwürfigkeit der Hunde ist mir ein Graus. Mein Mann meinte, Dackel seien auch sehr eigensinnig und überhaupt nicht unterwürfig. Aber ein dickköpfiger Dackel kann nicht mit einer Katze, ihrer Grazie, ihrem Stolz verglichen werden. Nein, ich wollte keinen Hund.

Eines Tages kamen Jochen, ein Arbeitskollege meines Mannes, und seine Frau Eva zu Besuch. Die beiden hatten vor einigen Monaten einen Welpen angeschafft und waren sehr unzufrieden mit ihrer Entscheidung. „Das ist kein Hund, sondern eine Katze" sagte Eva „hätten wir uns bloß vorher über die Rasse informiert."

46

„Was ist denn das für eine Rasse?" wolle ich wissen. Irgendwie war mein Interesse geweckt. Dann zeigten sie uns Fotos und ich wurde plötzlich ganz hibbelig. Marilyn war ein rotbrauner Shiba Inu, die gleiche Farbe, die auch Kimba hatte. Dann las ich im Smartphone das Rassenportrait und wusste, wenn wir einen Hund anschaffen, dann ein Shiba Inu und das sagte ich auch.

Nun wollte ich Marilyn sehen, nicht nächste Woche, nicht morgen, nicht später, sondern jetzt sofort. Wenn ich etwas will, dann bekomme ich das auch, sonst gebe ich keine Ruhe. Eva bot sich an, den Hund zu holen, aber so lange wollte ich nicht warten und fuhr mit. Marilyn lag in ihrem Körbchen im Wintergarten, als wir ankamen. Sie hob ihr Köpfchen und sah mich an, kein Herumspringen, kein Bellen, nichts, sie sah mich einfach nur an und ich sah meine Kimba in ihren Augen.

Ich ging zu ihr und setzte mich auf den Boden neben sie. „Wenn ihr sie abgeben möchtet, kaufe ich sie euch sofort ab." Eva telefonierte kurz mit ihrem Mann, dann packten wir Körbchen, Spielzeug, Schüsseln, Futter, Leine und Marilyn ins Auto und fuhren zu uns. Die Kinder waren begeistert, mein lieber Mann völlig irritiert und Eva und Jochen richtig glücklich mit dieser neuen Situation.

Ich habe Marilyn sofort in Kimba umgetauft, denn es ist Kimba. Sie hat sich sehr schnell bei uns eingelebt und ist der beste Hund, den ich mir vorstellen kann. Sie hat mehr von einer Katze, als so manche Katze gerne hätte.

Einige Wochen später kamen meine Eltern zu Besuch. Kimba rannte begeistert zu meiner Mutter und ließ sich knuddeln. Meinen Vater ignorierte sie vollständig. „Genau wie früher mit Kimba" sagte Mutti. „Das ist meine Kimba, also ihre wiedergeborene Seele" sagte ich. „Blödsinn" meinte mein Vater.

Einen Monat später schickte er mir ein Buch, das er vorher gelesen hatte, der Titel „Sie kommen zurück".

Was wissen wir?

Glauben Sie an Wiedergeburt, Seelenwanderung oder an eine jenseitige Welt? Ein Großteil der Menschheit glaubt daran, Sie vermutlich auch, sonst würden Sie dieses Buch nicht lesen. An etwas zu glauben, heißt aber auch, es nicht zu wissen. Gibt es eine Seele? Wir glauben es, aber Gewissheit haben wir nicht. Gibt es einen von Menschen gemachten Klimawandel? War die Mondlandung ein Fake? Ist Corona gefährlich? Tausend Fragen, tausend Antworten. Zu jedem Thema gibt es verschiedene Meinungen, immer gibt es Befürworter und Gegner.

In diesem Buch finden Sie Geschichten, die man kaum glauben kann, so fantastisch sind sie, fantastisch im Sinne von Phantasie. Ist die eine oder andere Story oder vielleicht alle einfach nur der Phantasie entsprungen? Glauben Frauchen oder Herrchen, dass sie Signale ihres geliebten Haustieres aus dem Jenseits empfangen haben, weil sie es sich aus tiefstem Herzen wünschen? Ist alles nur Einbildung?

Ich sage ganz entschieden Nein, weil ich davon überzeugt bin, dass es eine jenseitige Welt gibt. Ich bin davon überzeugt, aber wissen kann ich es nicht. Aber was wissen wir Menschen überhaupt? Und ist das, was wir zu wissen glauben auch tatsächlich die Wahrheit? Wenn ich nun sage, dass Menschen ohne Gehirn nicht lebensfähig sind, so würden mir wahrscheinlich 99,9999 Prozent der Weltbevölkerung zustimmen. Ein paar wenige würden sagen: „Stimmt nicht, man kann auch ohne Gehirn leben." Einige könnten dies sogar aus eigener Erfahrung sagen. Sie haben nämlich kein Gehirn. Sie glauben mir nicht? Dann sollten Sie das im Internet überprüfen.

Es gibt Menschen, die kein Gehirn haben! Denken Sie jetzt bitte nicht an irgendwelche blöden Blondinenwitze. Und nein, es sind auch nicht die allseits beliebten Politiker/innen.

Obwohl, wenn man bedenkt, dass unsere Politiker im Jahr 2018 über 600 Millionen Euro Entwicklungshilfe an China gezahlt haben, ja, China, nicht anzweifeln, sondern googeln, dann fragt man sich schon, ob diese Damen und Herren so richtig fit im Kopf sind.

Nein, Menschen ohne Gehirn sind Menschen wie Sie und ich. Sie leben ein normales Leben, haben Familie und Freunde, besitzen Job und Führerschein, sie sind vielleicht Verwaltungsangestellte, Studenten, Taxifahrer, Unternehmer oder sonst was, kurzum normale Menschen, die alles haben nur eben kein Gehirn.

Sie glauben mir nicht? Genau darum sollen Sie es selbst recherchieren. Bei Wikipedia wird zu diesem Thema den Begriff Anenzephalie erklärt. Diese Fehlbildung ist hier aber nicht gemeint. Bei Google und YouTube finden Sie äußerst interessante Berichte auch mit wissenschaftlichem Hintergrund und Erklärungen. Es gibt Menschen, denen man nach einer Untersuchung mitgeteilt hat, dass sie entweder überhaupt kein Gehirn haben oder nur ein Gehirn, das circa ein Zehntel so groß ist, wie normal. Dann gibt es Berichte von Menschen, auch mit Foto, deren Gehirn bei einem Unfall oder einem Selbstmordversuch mit einer Schusswaffe teilweise oder sogar völlig zerstört wurde und die trotzdem ein normales Leben führen. Glauben Sie es mir nicht einfach und zweifeln Sie auch nicht einfach an, damit wissen Sie nichts, recherchieren Sie.

Ohne Gehirn ist der Mensch nicht lebensfähig. Dieser Grundsatz ist falsch, wie Sie sehen können, da es ja Menschen gibt, die ohne auch sehr gut zurecht kommen. Alles was ich mit diesem Beispiel sagen möchte, ist, dass wir nur sehr wenig wirklich wissen und noch sehr viel weniger verstehen.

Unser Gehirn ist ein Organ, wenn vorhanden, kann man es sehen, wiegen, vermessen durchleuchten, operieren usw. Aber wie sieht es mit der Seele aus? Man kann sie nicht sehen, nicht wiegen, vermessen, durchleuchten und leider auch nicht operieren. Einige Wissenschaftler behaupten, es gäbe keine Seele. Sie liebe Leser halten gerade ein Buch in den Händen, in dem es um wiedergeborene Tiere beziehungsweise um Kontakte mit verstorbenen Tieren geht. So etwas ist nur über eine Seele erklärbar.

Wir Menschen sind nicht in der Lage, zu klären, wieso Menschen ohne Gehirn lebensfähig sind. Wir wissen es nicht. Hundert Millionen Mal weniger wissen wir über die Seele. Genau genommen wissen wir nichts über sie. Wir haben Vermutungen, sonst nichts.

Auch Pflanzen haben eine Seele

Hallo Herr Kilian,
nicht nur Tiere, auch Pflanzen sind beseelt. Pflanzen verstehen uns. Pflanzen lieben uns. Pflanzen freuen sich mit uns. Pflanzen leiden mit uns und manchmal, aber das lesen Sie gleich.

Meine Eltern waren große Garten- und Blumenfreunde. Ihr 800 m² großes Grundstück sah aus, wie man sich den biblischen Garten Eden vorstellt. Als meine Eltern Rentner wurden, bauten sie einen sehr großen beheizbaren Wintergarten an ihr kleines Haus an, in dem sie fortan lebten. Der Wintergarten war wie der Rest der Wohnung voller Blumen in allen Formen und Größen. All dies zu pflegen war für meine Eltern ein Vollzeitjob, der sie glücklich machte.

Mein Vater starb kurz vor seinem achtzigsten Geburtstag, meine Mutter folgte ein Jahr später. Genau wie mein Vater ist sie eines Morgens nicht mehr aufgewacht. Nach dem Tod unserer Mutter beschlossen meine Schwester und ich, das Haus zu verkaufen. Dafür musste es natürlich erstmal leer geräumt werden und so standen wir vor der Aufgabe ein paar hundert Pflanzen gut unterzubringen. Nachbarn, Freunde, Verwandte, Arbeitskollegen, jeder, den wir kannten, suchte sich ein paar Pflanzen aus. Das Haus fand sehr schnell einen Käufer und so konnten die großen Pflanzen im Wintergarten stehen bleiben.

Keine einzige Pflanze, weder die im Wintergarten noch die verschenkten Pflanzen und auch die Pflanzen, die wir selbst behalten haben, hat überlebt. Alle sind innerhalb weniger Monate eingegangen. Auch Pflanzen haben eine Seele.

Kein Einzelfall

Das folgende Ereignis hat mir eine Frau am Telefon erzählt. Sie hatte mein Buch gelesen und brauchte jemanden zum reden, von dem sie meinte, dass er sie versteht.

Im November 2016 fuhr die Familie meiner Gesprächspartnerin von einem Verwandtenbesuch nach Hause. Auf der Autobahn gab es einen längeren Stau und so wurde der erste Rastplatz angefahren, weil die Kinder dringend zur Toilette mussten. Das Auto hielt, der Sohn öffnete die hintere Tür, der Hund sprang hinaus, direkt vor ein Auto, das gerade beschleunigte, um den Rastplatz zu verlassen. Es gab einen dumpfen lauten Knall und der Hund war weg.

Er war weg, nicht tot, nicht verletzt, sondern spurlos verschwunden. Das Auto war erheblich beschädigt, das Kühlwasser lief aus und von dem Hund, ein 50 kg schwerer Rottweilermix, war weit und breit nichts zu sehen. Am Auto waren weder Blut noch Haare auffindbar. Es schien als habe sich der Hund in Luft aufgelöst.

Ein anderer Autofahrer, der den Unfall beobachtet hatte, sagte, es habe ausgesehen, als sei das Auto durch den Hund hindurch gefahren. Die Polizei ging davon aus, dass der Hund irgendwo schwer verletzt liegen müsse. Es wurde nach ihm gesucht, aber er blieb verschwunden und ist bis heute nicht wieder aufgetaucht.

Die Geschichte wäre hier eigentlich zu Ende, aber jetzt fängt sie erst an, interessant zu werden.

Die Frau konnte nicht fassen, was da geschehen war. Sie ging im Internet auf die Suche und fand zig Berichte von spurlos verschwundenen Haustieren. Natürlich verschwinden manchmal Katzen oder Hunde. Sie finden ein neues Zuhause, werden getötet oder gestohlen. Es gibt aber auch Fälle, von denen im Internet berichtet wird, in denen Katzen oder Hunde aus geschlossenen Räumen oder Wohnmobilen verschwanden und nie wieder gesehen wurden.

Interessanterweise fand meine Gesprächspartnerin auch Berichte von Hunden, die nach einem Autounfall einfach weg waren, genauso wie es mit ihrem Hund geschehen war. Einer dieser Unfälle war besonders interessant.

Ein Auto war mit viel zu hoher Geschwindigkeit an einer vereisten Stelle ins Schleudern geraten, hatte sich zweimal überschlagen und war dann gegen einen Brückenpfeiler geprallt. Das Auto war völlig zerstört, das Dach bis auf die Sitze heruntergedrückt. Das Lenkrad befand sich an der Rückenlehne des Fahrersitzes. Die Feuerwehr schnitt das total zerquetschte Auto auseinander und fand nichts, es war leer. Die 25 jährige Fahrerin und ihr Hund waren spurlos verschwunden. Im ganzen Fahrzeug gab es kein Blut und irgendwie auch keine logische Erklärung, was da geschehen sein könnte.

Feuerwehr und Polizei gingen davon aus, dass die Frau und ihr Hund beim Überschlag aus dem Auto herausgeschleudert wurden. Man suchte das ganze Umfeld ab, fand aber nichts. Beide sind nie wieder aufgetaucht.

Dies ist absolut kein Einzelfall. Es kommt immer wieder vor, dass Menschen oder Tiere nach Unfällen spurlos verschwinden. Einige tauchen wieder auf, andere nicht. Manchmal gibt er Erklärungen, was geschehen sein kann, manchmal aber auch nicht. Bei Wikipedia gibt es eine Liste spurlos verschwundener Menschen von der Antike bis zur Jetztzeit.

Auf Youtube gibt es Videos zu diesem Thema. Viele sind reißerisch und einfach nur blödsinnig, aber andere stimmen nachdenklich.

Aber es verschwinden nicht nur Lebewesen spurlos, auch Dinge von gerade Verstorbenen verschwinden. Mal ist es ein Foto oder ein Buch, mal ein Ring, eine Uhr oder irgendetwas anderes. Wie es aussieht, scheint das gar nicht mal selten zu sein, denn als ich das Thema im Freundeskreis ansprach, gab es mehrere, die darüber berichteten, dass auch bei ihnen nach dem Tod eines Menschen etwas verschwunden war.

Was ist hier eigentlich los? Kann sich etwas oder jemand dematerialisieren und wenn ja, wohin geht es oder er? Ein Grundsatz unseres Wissens besagt, dass auf der Welt nichts verschwinden kann. Es kann zwar seine Form verändern, aus Holz wird zum Beispiel Wärme und Asche, aber spurlos verschwinden, das geht nach unserem Wissensstand nicht. Vielleicht verschwindet ja gar nichts spurlos. Vielleicht gibt es eine Parallelwelt, wie einige Wissenschaftler behaupten. Und vielleicht gelten dort ganz andere physikalische Gesetze. Vielleicht gibt es dort überhaupt keine Zeit.

Im Jahr 1971 vermisste eine Familie in Texas ihren Hund. Man ging auf die Suche und fand eine zerbissene Klapperschlange auf dem Grundstück. Der Hund blieb verschwunden. Die Familie ging davon aus, dass er von der Schlange gebissen wurde und dann irgendwo, vielleicht im Fluss, gestorben ist. 22 Jahre später war der Hund plötzlich wieder da. Er trug sein Halsband und war genau wie zum Zeitpunkt seines Verschwindens circa fünf Jahre alt. Er kannte alle alten Familienangehörigen und kannte sich im Haus aus, als sei er nie weg gewesen. Die Geschichte erschien in mehreren amerikanischen Zeitungen, auch mit Fotos des Hundes. Man sieht ihn neben einem kleinen Jungen stehen und auf dem zweiten Foto sieht man den selben Hund neben einem jungen Mann, der ganz offensichtlich der Junge auf dem anderen Bild ist. Was soll man da denken.

Bei YouTube gefunden

Botschaft meiner unendlich geliebten Katze Mimi: „Ich bin nicht tot – ich komme wieder." Die Nutzerin schreibt, dass sie am 22.01.2015 in Köln bei einem Spaziergang am Rhein von einem Unbekannten angesprochen wurde, der ihr mitteilte, dass auf ihrer linken Schulter eine Katze sitzt. Dieser Fremde sah eine Katze, die bereits am 26.10.2014 gestorben war.

Verschwundenes Auto

Am 3.01.2020 veröffentlichte das Nachrichtenmagazin NTV ein Video mit dem Titel „Kein Motiv, keine Vermisstenmeldung, Auto rast über Klippe und verschwindet spurlos"

Das eine Minute lange Video wurde aus einem fahrenden Auto aufgenommen. Es zeigt, wie ein dunkler SUV über eine Klippe in den Pazifik rast. Trotz einer sofortigen Suchaktion wird der Wagen in dem nur zehn Meter tiefen Wasser nicht gefunden. Dieser „Unfall" ereignete sich auf dem Highway 1 bei Gray Whale Cove.

Wenn man sich das Video ein paarmal ansieht und dann die Stelle betrachtet, an der das Auto über die Klippe fliegt, könnte man zu der Meinung kommen, dass der Fahrer mit voller Absicht diese Stelle als Sprungschanze wählte. Okay, für einen Selbstmord eine äußerst brauchbare Stelle, aber dass das Auto samt Insasse unauffindbar ist und auch nicht vermisst wird, verwundert schon sehr.

Die Zeichen

Lieber Herr Kilian,

am letzten Wochenende habe ich Ihr tolles Buch „Sie kommen zurück" gelesen. Ich habe es am letzten Freitag gekauft, noch am gleichen Tag mit dem Lesen angefangen und nun liest es meine Frau. Ich danke Ihnen für die vielen wunderschönen und faszinierenden Geschichten.

Natürlich habe ich Ihr Buch nicht ohne Grund gekauft, denn auch meine Frau und ich glauben an eine Seelenwanderung und die Wiedergeburt von Haustieren. Und natürlich haben wir unsere ganz persönliche Geschichte, die ich Ihnen nicht vorenthalten möchte. Wir nennen Sie „Die Zeichen".

Kurz vor Weihnachten 2000 lief meinen Eltern, die im Nachbarhaus gewohnt haben und beide leider vor über sechs Jahren verstorben sind, eine junge Katze zu. Da aber meine Mutter zu dieser Zeit bereits einen Kater hatte, konnte und wollte sie die Katze nicht adoptieren und somit sind meine Frau und ich damals eingesprungen und die neuen Eltern dieser Katze geworden.

Fast 17 Jahre wohnte Percy, eine schwarzweiße Katzendame, bei uns. Sie war ein absolut vollwertiges Familienmitglied. Im Herbst 2017 wurde bei ihr ein Tumor im Gesicht festgestellt, an welchem sie leider am 07. Dezember 2017 starb. Wir mussten den Weg gehen, vor dem ich immer Angst hatte und den ich niemals wollte. Wir mussten sie einschläfern lassen. Die letzten Wochen und Monate haben wir unglaublich viel versucht. Wir machen beide Reiki, meine Frau ist Klangmassagepraktikerin, auch eine Tierheilpraktikerin war bei uns. Meine Frau und ich sind beide keine Anhänger der Schulmedizin, aber auch hieraus haben wir trotzdem einiges versucht. Was tut man nicht alles. Percy war unsere absolute Wunschkatze mit einem fantastischen Charakter.

Bereits ein paar Jahre zuvor hatte ich angefangen, Percy ab und an zu fragen, was ich später mal ohne sie mal machen würde. Kurz bevor der ins Haus gerufene Tierarzt ihr die Spritze gab, habe ich sie hochgehoben und ein letztes Mal weinend angeschaut. Ihre Augen waren bereits vollständig vom Tumor befallen und sie konnte so gut wie nichts mehr sehen. Habe ich Ihr in diesem Moment mitgeteilt, dass sie wiederkommen muss? Ich weiß es nicht. Allerdings glaube ich zumindest, dass bei diesem Abschied ein letzter kurzer aber äußerst starker geistiger Austausch stattfand. Danach waren wir die traurigsten Menschen der Welt. Meine Frau machte mir aber bereits zwei Tage später Hoffnung und Mut. Ihr wurde an diesem Tag bewusst, dass unsere Katze wiedergeboren wird.

Das Wunder, so nenne ich es jetzt mal, fing etwa fünf Monate später an. Wir waren auf einer Urlaubsreise am Edersee und wanderten eine schöne Route. Bei einer kurzen Rast teilte mir plötzlich ohne vorherige Ankündigung ein Baum(!) mit, dass am 08.05.2018 unsere Katze wiedergeboren wird. Der besagte Baum war nicht markant, aber er war besonders, das habe ich sofort gemerkt. Ich habe das Datum dann gleich meiner Frau gesagt. Es stand also fest und wir haben es uns ab diesem Augenblick eingeprägt. Aber wie sollten wir sie erkennen und finden?

Ich weiß noch, der 08.05.2018 war ein schöner und sonniger Tag. Ich saß abends nach 18 Uhr allein im Garten. Plötzlich flogen zwei Kohlmeisen direkt auf den Flieder neben mir und piepten etwa 20 Sekunden sehr eifrig und lieblich um die Wette. In diesem Moment merkte ich, dass irgendwas in Verbindung mit der Reinkarnation geschehen sein muss. Am gleichen Tag kam meine Frau, sie ist Krankenschwester, ein paar Stunden später von ihrer Arbeitsstelle. Sie meinte, dass sie bei der Autofahrt im Vorbeifahren ein Pferd gesehen hat, welches ihr geradewegs mitteilte, dass unsere Katze heute wiedergeboren wurde.

Im Juni 2018 bekamen wir eine Chance. Die Sprechstundenhilfe unserer Hausärztin wusste von einem Wurf. Wir hätten die Möglichkeit, uns die Katzen mal anzusehen. Also sind wir ein paar Tage später nach Petershagen gefahren und haben uns die Kleinen angesehen. Alle waren wirklich süß und zwei auch schwarzweiß, aber irgendwas hemmte uns von Anfang an. Nach einiger Zeit sagten wir zu der sehr netten Halterin, dass wir es uns noch einmal überlegen müssten. Auf der Rückfahrt war es erst sehr still im Auto. Nach ein paar Minuten meinte meine Frau Christina plötzlich unter Tränen, dass sie vorhin das Gesicht von Percy vor Augen hatte, so präsent wie noch nie zuvor und mit der Botschaft „Ihr wartet doch auf MICH". Ich verstand das erst nicht. Christina meinte, dass Percy ihr in diesem Moment mitgeteilt hat, dass wir gerade nicht auf dem richtigen Weg sind. Wir haben dann keine Katze von dort genommen.

Bereits seit Monaten hatten wir auch immer wieder mal bei Ebay-Kleinanzeigen nach Katzen geschaut. Sicher waren wir uns jedoch nie. Dann kam der 05. August 2018, ein Sonntag. Ich lag bereits im Bett und schaute dort mal wieder nach. Schon leicht gefrustet, stach mir, förmlich wie aus dem Nichts, eine Anzeige mit einem Foto einer schwarzweißen Katze ins Auge. Ich sah nur zwei große, neugierige Augen sowie einen Teil vom Kopf, da der Rest von Zweigen verdeckt wurde. Diese Augen aber kannte ich! Eine Frau, wohnhaft auf einem Gehöft bei Salzkotten, ca. 70 km von uns entfernt, hatte drei Kitten abzugeben. Kurze Zeit später bekam ich Herzklopfen, denn ich las: „Katzenkinder abzugeben, geboren am 08.05.2018". Eine Anzeige mit Angabe des exakten Geburtsdatums ist äußerst selten.

Gleich am nächsten Tag schrieben wir der Frau und bekamen auch prompte Rückantwort. Alle Kätzchen waren noch zu haben. Wir konnten aber erst am Wochenende dorthin und so mussten wir noch bis zum Samstag warten. Kurz nebenbei, mein Vater nannte Percy immer „Perfekt". Als wir den Besichtigungstermin per E-Mail abgemacht haben, kam eine letzte Terminbestätigung. In dieser stand nur ein Wort: „perfekt".

Dann kam der Samstag und natürlich waren wir aufgeregt. Als wir ankamen, liefen die Katzen bereits auf dem Hof herum. Es war eine Schwarz-weiße, die gleich etwas vorsichtig aber auch neugierig auf uns zukam und an meiner Hand schnupperte. Es war tatsächlich die Katze vom Foto. Sie war von allen drei Katzen auch die Zutraulichste.

Wir wollten wissen, ob es eine Katze oder ein Kater ist. Eigentlich wollten wir unbedingt wieder eine Katze. Es schien aber ein Kater zu sein, auch die beiden anderen schienen Kater zu sein. So mussten wir umdenken, es war dann eine Herz- und Bauchentscheidung. Wir nahmen unseren

Kater vom Foto sofort mit. Auf der Rückfahrt ist uns bewusst geworden, dass wir ihn aus dem Ortsteil Schwelle abgeholt haben. Sofort haben wir Schwelle mit der Entscheidung für einen Kater und der Reinkarnation interpretiert ... wir mussten über eine „Schwelle" gehen.

Die komplette Rückfahrt war entspannt, der Kater war gleich zutraulich, friedlich und unglaublich lieb. Auch hier bei uns zuhause fühlte er sich sofort wohl, ging umgehend ins Katzenklo und legte sich auf Sitzplätze, auf welchen Percy auch öfters lag.

Heute ist unser Peppi fast 15 Monate bei uns. Wir sind glücklich, unsere Katze ist zurück.

Thailand 2004

Die folgende Geschichte hat mir Bettina, eine befreundete Journalistin erzählt. Zu diesem Zeitpunkt wusste ich nicht, dass ich einige Jahre später ein Buch über die Wiedergeburt von Tieren schreiben werde. Als ich am ersten Teil von „Sie kommen zurück" schrieb, fiel mir die Story wieder ein, aber sie passte nicht so recht zur Thematik, weil es dort nur um wiedergeborene Tiere ging. Nun passt sie und hier ist sie.

Am 26.12.2004 kamen Herr und Frau M. mit ihren beiden Kindern im Teenageralter in Thailand von einem Schnorchelausflug ins Hotel zurück. Sie waren guter Dinge, hatten ein tolles Abenteuer erlebt und setzten sich auf die Hotelterrasse, um eine Kleinigkeit zu essen. Kaum saßen sie am Tisch, hörten sie einen Hund bellen. „Der ist genauso heiser wie unser Ringo" sagte Frau M. „Da ist Ringo" schrie ihre Tochter und wirklich, nur wenige Meter entfernt stand ihr Rottweiler Ringo und schüchterte mit seinem Bellen die anderen Anwesenden ein.

„Das kann nicht Ringo sein, der ist bei Oma und Opa in Deutschland." meinte Herr M.

„Es ist aber Ringo, vielleicht ist das irgendeine Fernsehklamotte, so was wie „Verstehen Sie Spaß" und wir sollen verarscht werden." sagte

67

der Sohn. „Die haben Ringo hierher gebracht."
Dann sprang er auf und lief auf Ringo zu, aber
Ringo kam nicht zu ihm, sondern lief bellend weg
und die ganze Familie hinterher. Ringo lief vom
Strand weg in Richtung Ort. Immer wieder blieb
er stehen. Er ließ Herrn M. bis auf Armlänge he-
ran, rannte dann aber sofort laut bellend weiter
den Hügel hinauf und plötzlich war er weg. „Ein-
fache in Luft aufgelöst!" wie Frau M. hinterher
sagte.

Dann wurde es laut, sehr laut. Menschen schrien
in Panik, Autos hupten, es rauschte und krachte.
Von ihrem Standort aus, sah Familie M. voller
entsetzen wie ihr Hotel, in dem sie vor wenigen
Minuten noch gesessen hatten, von einer riesigen
Welle einfach weggespült wurde. Palmen knick-
ten um, Boote, die eben noch auf dem Meer waren, wurden an Land geschleudert. Sie sahen
Menschen, die um ihr Leben kämpften. „Weg
hier, den Berg hoch!" schrie Herr M., denn die
Welle kam rasend schnell näher.

Der Familie ist nichts passiert. Da sie das Unglück
so hautnah erlebt hatten, wurden sie von der
deutschen Presse mehrfach interviewt, unter anderem von meiner Bekannten Bettina. Beim Inter-
view hat niemand den Hund erwähnt, erst auf
dem Rückflug, einige Tage später, hat die Tochter
Bettina erzählt, was wirklich geschehen ist. Dies
wurde anschließend auch vom Rest der Familie

bestätigt. Und Ringo? Der war die ganze Zeit in Deutschland. Es gab laut den Großeltern keine besonderen Vorkommnisse.

Ein Dankeschön per Email

Vielen Dank für Ihr wunderschönes, erleuchtendes Buch. Auch unsere Katze ist wiedergeboren, aber wir haben noch mit keinem darüber gesprochen, weil wir nicht als Spinner dastehen möchten.

Mercury hat sich in mein Leben gedrängt

Eine Email, die mich sehr nachdenklich stimmte.

Mein kleiner Pekinese Carlo wurde direkt vor einer Tierarztpraxis von einem Schäferhund gebissen und dort sofort ärztlich versorgt. Bei der Nachuntersuchung musste ich länger warten, daher suchte ich etwas zu lesen. Zwischen den vielen Zeitschriften und Werbeblättern lag ein kleines Buch. Jemand hatte mit Kugelschreiber die Titelseite beschrieben, dort stand:

Dieses Buch hat mir geholfen, den Verlust meines treuen vierbeinigen Gefährten zu ertragen. Ich lege es hier hin, weil ich in diesem Wartezimmer die schlimmsten Stunden meines Lebens erlebt habe. Ich hoffe, dass es nicht gestohlen wird und vielen anderen Menschen hilft.

Lieber Herr Kilian, Sie ahnen es. Es war ihr Buch und obwohl es Carlo gut ging, habe ich darin gelesen und es anschließend in der Buchhandlung bestellt. Gottes Wege sind manchmal unergründlich. Als ich das Buch eine Woche später abholte, traf ich meine ehemalige Schulfreundin Britta. Sie sah nicht gut aus und erzählte mir, dass ihre geliebte Katze Poldi vor zwei Wochen von einem Auto überfahren wurde. Ganz spontan schenkte ich ihr das Buch, worüber sie sich unglaublich freute. Ich ging dann wieder in die Buchhandlung und bestellte das Buch noch einmal. Die Verkäuferin sah mich an, als würde sie denken, ich hätte das erste Exemplar aufgegessen.

Am nächsten Tag rief mich Britta an. Sie war ganz aufgeregt und las mir die Geschichte „Braun Blau" aus ihrem Buch vor. Beim letzten Satz der Geschichte blieb mir die Luft weg. Mir wurde so komisch, dass ich das Gespräch unterbrechen musste.

Mein Bruder Axel, in den meine Freundin Britta damals verliebt war, hatte genau wie in der Geschichte ein braunes und ein blaues Auge. Er starb bei einem Badeunfall, als ich zwölf Jahre alt war. Mein großer, cooler Bruder war nicht mehr bei uns. Ich war sehr traurig und bedrückt, hing nur noch teilnahmslos herum und hatte an nichts Interesse. Fast ein Jahr lang ging das so. Dann bekam in der Nachbarschaft ein Huskypärchen Junge und ich durfte mir einen Welpen aussuchen. Einer der Welpen war schneeweiß mit schwarzen Ohrspitzen, er gefiel mir am besten. Aber als ich ihn in die Arme nehmen wollte, kam ein anderer Welpe angestolpert und sprang direkt in meine Hände. Ich setzte ihn wieder auf den Boden und wollte den schneeweißen nehmen. Aber auch da ging der andere Welpe wieder zwischen uns.

Meine Mutter meinte: „Der will zu dir." Ich sah es genauso und so wurde Mercury (ich war und bin Queen Fan) für vierzehn Jahre mein treuer Begleiter. Dass Mercury unterschiedliche Augenfarben hatte, fiel uns allen erst viel später auf. Wir haben dem aber keine Bedeutung beigemessen. Ich glaube, ich habe nie daran gedacht, dass mein Bruder die gleichen Augenfarben hatte. Erst als Britta mir die Geschichte vorgelesen hat, war mir auf einmal klar, dass die gleichen Augenfarben von Axel und meinem Hund Mercury ein Zeichen waren, das ich leider nicht erkannt habe.

Inzwischen bin ich mir sicher, dass die Seele meines Bruders in Form von Mercury zu mir gekommen ist. Ich war ein sehr schüchternes, übervorsichtiges und ängstliches Kind, aber wenn mein Bruder in der Nähe war, hatte ich keine Angst. Er gab mir Sicherheit, die gleiche Sicherheit, wie sie mir später mein Hund Mercury gab. Immer wenn ich vor etwas Angst hatte, nahm ich Mercury mit, sogar zu meiner ersten Fahrstunde. Ja, mein Hund saß hinter mir im Fußraum vor der Rückbank.

Und dann bin ich vom Stuhl gefallen

Auf einem Gnadenhof für Haustiere hielt ich eine Lesung aus meinem Buch „Sie kommen zurück". Wir saßen alle um das Lagerfeuer herum, als eine junge Frau spontan das Wort ergriff: „Ich habe auch so etwas erlebt und bisher mit niemand darüber gesprochen, aber jetzt muss es raus." Dann berichtete sie, wie ihre alte Katze Mimi, die sie schon so lange hatte, wie sie denken konnte, zu Tode kam.

Es war ein sonniger, windiger Samstag, Alma war erst vor zwei Wochen bei ihren Eltern ausgezogen, um in Hannover ihr Studium zu beginnen. Sie hatte ein Zimmer mit Balkon in einer Wohngemeinschaft in Hannover-Linden gefunden. Heute wollte sie gründlich sauber machen, weil sich ihre Eltern für den Nachmittag angemeldet hatten. Mimi lag zufrieden auf dem Fensterbrett und schlief. Alma öffnete die Balkontür und stellte einen Stuhl vor die Tür, damit sie nicht zu fiel.

Sie saugte alles durch, räumte etwas von hier nach da und sah, dass auf der Außenseite des Fensters ein großer Vogelschiss war. Sie holte einen nassen Lappen, nahm den Stuhl von der Balkontür weg, öffnete das Fenster und da geschah das Unglück. Mimi sprang von der Fensterbank auf den Boden, um auf den Balkon zu gehen. In dem Moment schlug der Wind die Balkontür zu und brach Mimi das Genick. Alma war dermaßen erschüttert und entsetzt, dass ihre Mitbewohner den Notarzt rufen mussten. Er gab ihr eine Beruhigungsspritze.

Mimi wurde eingeäschert und auf dem Grundstück der Eltern beerdigt. Alma kam nicht mehr zur Ruhe. Sie fühlte sich schuldig am Tod ihrer geliebten Katze. Sie vernachlässigte erst ihr Studium, dann sich selbst. Eine ihrer Mitbewohnerinnen kannte in ihrem Heimatort eine Frau, die mit den Seelen von lebenden wie auch verstorbenen Tieren sprechen kann. Sie schlug Alma vor, gemeinsam dorthin zu fahren, um die Seele von Mimi um Verzeihung zu bitten. Alma stimmte sofort zu. Am Wochenende fuhren die beiden in ein Dorf bei Diepholz zu der besagten Frau, ich nenne sie hier Renate.

Zwei Dinge muss ich an dieser Stelle hervorheben. Renate bezeichnet sich nicht als Tierkommunikatorin, man kann sie auch nicht buchen. Sie hilft nur Menschen aus ihrem Umfeld und handelt aus Überzeugung. Für den Kontakt mit Mimi hat sie kein Geld gefordert, im Gegenteil, sie hat es abgelehnt.

Alma erzählte, dass sie eine alte faltige Frau mit leicht grünlicher Gesichtsfarbe in einem verfallenen Bauernhaus erwartet hatte. Aber das Gegenteil war der Fall. Eine sehr sympathische, vielleicht vierzig Jahre alte Frau öffnete die Tür eines gepflegten Hauses. Als erstes beglückwünschte Renate Alma, dass sie eine Freundin habe, die sich um sie sorgt. Weiterhin sagte sie ihr, dass sie nun, weil sie die Hilfe ihrer Freundin angenommen habe, in der Pflicht sei, einem anderen Menschen zu helfen. Nur so würde die Welt im Allgemeinen und das Leben jedes Einzelnen funktionieren.

Dann fragte sie, was geschehen ist und was Alma von ihr erwartet. Alma erzählte genau was vorgefallen ist und dass sie Mimis Seele um Verzeihung bitten möchte. Renate nahm das mitgebrachte Foto von Mimi in die Hand und begann aus Mimis Leben zu erzählen. Alma wurde heiß und kalt, denn Renate wusste alles. Zum Beispiel, dass Alma immer wenn sie ein Eis aß, Mimi auch daran lecken ließ. Sie wusste, dass Mimi einmal für mehrere Tage weggelaufen war, dass ihr beim Autofahren schlecht wurde und noch vieles mehr, was sie nicht wissen konnte.

Dann sagte Renate, dass sie nun die Seele um Verzeihung bitten werde und erhielt die Antwort, dass es nichts zu verzeihen gäbe. Alles sei gut, so wie immer. Mimi wäre mit der derzeitigen Situation vollständig zufrieden. Sie sei bei Alma, die ihr ja auch immer Futter gibt, sie ganz verliebt ansieht und ganz leise mit ihr spricht.

„In dem Moment" sagte Alma „bin ich vom Stuhl gefallen. Vor lauter Aufregung hatte ich vergessen zu atmen. Das konnte alles nicht wahr sein. Ich glaubte, zu träumen oder zu halluzinieren. Niemand, absolut niemand auf dieser Welt konnte wissen, dass ich seit einigen Wochen auf meinem Balkon eine Maus hatte, die wohl durch das Vogelfutter angelockt bis zu mir in den dritten Stock geklettert war. Als ich sie das erste Mal sah, bin ich erschrocken, weil ich nicht wollte, dass sie in mein Zimmer kommt. Gleichzeitig fand ich sie mit ihren großen Augen, dem schönen Fell und den riesigen Ohren echt süß. So stellte ich eine Untertasse mit Wasser und einigen Nüssen auf den Balkon und sah zu, wie sie fraß. Irgendwann verloren wir beide die Angst voreinander, dann fand ich heraus, wo die Maus schlief und manchmal sprach ich auch mit ihr, aber nur ganz leise, damit meine Mitbewohner mich nicht für verrückt halten."

Alma erzählte das alles Renate und Renate fragte die Seele, wieso sie noch bei Alma sei. Die Seele antwortete: „Noch gehören wir zusammen. Meine Zeit zu gehen, ist noch nicht gekommen."

Ich habe Alma gefragt, wie sich das Erlebte auf ihr Leben ausgewirkt hat. Hier die Antwort, die ich wortwörtlich wiedergebe: „Ich wurde zu einem besseren Menschen. Ich versuche nicht mehr die Welt zu verändern. Ich habe festgestellt, wenn ich mich verändere, verändert sich meine Welt und das reicht mir, um glücklich zu sein."

Auf einem Zettel

den ich im Briefkasten fand, stand:

Ich habe Ihr Buch gelesen und dann im Internet recherchiert. Die Überraschung war groß, als ich las, dass Sie nach Wilhelmshaven gezogen sind. Ich wohne in der Zedeliusstrasse. Mein Kater ist die Wiedergeburt meiner Hündin, die ich in meiner Jugend hatte.

Chester

Ende Februar 2020 schickte mir Sabrina eine Email, die von ihrem Kater Chester handelt und ich fast unverändert wiedergebe. Der Bericht ist so geschrieben, dass man die Emotionen von Sabrina körperlich spüren kann.

Hallo Herr Kilian,
ich habe Ihr Buch gelesen "Sie kommen zurück" und möchte Ihnen meine Geschichte aufschreiben, um möglicherweise Hilfe zu bekommen und Ihnen auch möglicherweise Material zur Verfügung zu stellen.
Wenn ich vielleicht etwas durcheinander schreibe, dann bitte ich, dies zu entschuldigen, weil ich immer noch sehr durcheinander bin.

Mein ehemaliger Lebensgefährte arbeitete bei der Papierrohstoffentsorgung also Müllabfuhr für Papiermüll. Eines Tages hörte er aus einer Papiermülltonne Geräusche, machte sie auf, sah hinein und da waren vier Katzenbabys in einem Karton. Drei waren grau getigert, eins rot.

Das rot getigerte Katzenbaby starrte ihn unentwegt an. Er nahm den Karton, fuhr mit seinem Arbeitskollegen zum Tierheim, gab die drei grauen Katzenbabys ab, behielt das rote Katzenbaby und brachte es mit nach Hause.

Als ich von der Arbeit nach Hause kam und es sah, sagte ich als erstes: „Nein, wir können es nicht behalten, weil wir beide Vollzeit arbeiten." Ich fand das unfair dem Tier gegenüber. Wir sind beide sehr tierlieb, muss ich dazu sagen. Ich hatte auch etwas Angst, weil ich mich mit Katzen gar nicht auskannte und als Kind nur mit Hunden aufgewachsen bin.

Nun ja, als das kleine Büschel, gerade mal so groß wie eine Handfläche, die Augen aufmachte und mich ansah, konnte ich nicht anders, ich sagte: „Ja, wir behalten es."

Er lief in unserer Wohnung herum, als wäre alles seins und fühlte sich wohl. Wir gaben ihm den Namen "Chester".

Ich hatte mit meinem Lebensgefährten eine sehr schwierige Beziehung und mein Leben vorher war immer alles andere als einfach, beruflich wie privat. Mein Lebensgefährte und ich hatten oft Streit und der kleine Chester hat mich immer getröstet, er war immer an meiner Seite. Obwohl mein Exfreund ihn gerettet hatte, war er immer mehr meine Katze. Vor drei Jahre trennten wir uns und ich hatte höllische Angst, dass er mir den Chester wegnimmt.

Er hat ihn mir gelassen und Chester tröstete mich. Er hat sich so toll entwickelt und war so wunderschön. Alle, die ihn kannten, meinten: „Das gibt's nicht, was für eine tolle Katze, so wunderschön" und jedem ist aufgefallen, dass er unglaubliche Augen hatte, nicht katzentypisch. Da war was, was man nicht erklären kann, auch seine Schönheit.

Chester und ich haben alles zusammen gemacht. Wenn ich ihn gerufen habe: „Wo bist du?" kam er und hat durch ein Maunzen geantwortet. Er lag in seinem Kratzbaum, auch in seinem Körbchen, aber am liebsten hatte er es, überall dabei zu sein, auf dem Sofa, am Esstisch, im Bett, überall. Er hat alles genau beobachtet, musste immer alles inspizieren, war sehr aufgeschlossen, hat nie gefaucht oder bösartig gekratzt. Wir haben immer gesagt: „Er ist ein Menschlein."

Wir hatten eine so starke Bindung, das war unglaublich und für jeden zu spüren. Das kann man auch mit Worten nicht beschreiben, was dieser kleine Kerl mir gezeigt und mich gelehrt hat. Ich hatte immer noch sehr viele Probleme und Hürden zu meistern, aber mit ihm an meiner Seite war alles halb so schwer.

Ich weiß, dass die meisten Tierbesitzer ihre Tiere über alles lieben, aber ich weiß auch, dass das zwischen Chester und mir etwas Außergewöhnliches war.

Vor fünf Wochen hat Chester öfter mal gebrochen, er war aber ansonsten gut drauf, sah auch schön aus, die Augen so klar, das Fell so schön. Deshalb dachte ich mir erstmal nichts, weil er schon mal eine Gastritis hatte vom damaligen Futter, was ich dann umstellte und ihm auch öfter mal Hähnchen gab.

Als das mit dem Brechen nicht aufhörte, fuhr ich mit ihm zum Tierarzt. Chester war immer sehr lieb beim Tierarzt, hat sich alles gefallen lassen, manchmal hat er etwas geknurrt. Der Tierarzt sagte: „Ja, das ist Gastritis." gab ihm eine Spritze gegen die Übelkeit und sagte, es müsste am nächsten Tag dann besser sein mit dem Brechen.

Ich habe ihm dann wieder Hähnchen gekocht, was er auch gefressen hat. Er war etwas schlapp von der Spritze und vom Auto fahren, aber sonst war er wie immer.

Ich muss dazu sagen, ich bin auch gleich zum Tierarzt, weil ich eine Woche vor diesem Brechen, ich weiß nicht ob es Traum war oder eine Vision, gesehen habe, dass ich Chesters Katzenklo wegwarf und meinem Exfreund geschrieben habe, dass der Chester tot ist. Ich war total verwirrt, weil ich dachte, ich hab das gesehen, weil ich hysterisch bin, weil ich so eine Angst um meinen Chester hatte.

Nun ja, einen Tag nach dem Tierarztbesuch sind wir morgens aufgestanden. Chester und ich haben unsere morgendliche Routine gemacht. Ich fand auch, dass Chester gut drauf war und hatte mich schon gefreut. Ich hab ihm sein Nassfutter geholt, er hat es auch gefressen, super, dachte ich, es geht ihm gut!!

Ich bin ins Bad. Er hatte immer vor der Tür auf mich gewartet, aber diesmal sah ich ihn nicht. Ich sagte: „Wo bist du?" und guckte nach ihm, er saß auf der anderen Seite der Badtür, was komisch war. Dann stellte er sich vor mich, guckte mich an, maunzte glücklich und rannte weg, so, wie wir immer fangen gespielt hatten.

Plötzlich hörte ich ein undefinierbares lautes Geräusch, wie ein extrem lautes Windspiel. Ich dachte, der ist doch wohl nicht ins Regal gesprungen und rief: "Was machst du denn?" und bin ins Wohnzimmer. Chester lag im Wohnzimmer seitlich, ich dachte, er macht Spaß und steht gleich wieder auf. Dann hat er plötzlich seine Pfötchen gehoben, tief eingeatmet ein ganz seltsames Geräusch von sich gegeben. Ich rief laut „Chester, Chester". Da sah ich, dass die Augen ganz groß waren, die Zunge draußen hing und der Schwanz total aufgeplustert war.

Ich habe in diesem Moment nur laut geschrien und hatte das Gefühl, mir schlägt jemand eine dicke Eisentür mitten ins Gesicht. Ich rief meine Mutter an und hab nur ins Telefon gebrüllt: „Der Chester ist tot!" Sie war total geschockt und sagte:

„Pack ihn in seine Transporttasche, wir fahren zum Tierarzt, ich komme." Ich habe immer noch geschrien wie am Spieß, meine Beine und Arme waren Pudding. Ich holte seine Tasche und hob ihn hoch und das Einzige was mir da aufgefallen ist, war, dass er so leicht war. Als er lebte, wog er 8 kg und war relativ schwer, aber als ich ihn aufhob, um ihn in die Tasche zu legen, war er unendlich leicht.

Wir sind also zum Tierarzt gefahren und ich werde den Satz nie vergessen: "Sein Herz schlägt nicht mehr."

Für mich ist eine Welt zusammengebrochen, ich konnte dem Tierarzt nur noch sagen: „Ich möchte eine Urne für Zuhause" sonst ging gar nichts mehr. Ich habe nur geschrien und geweint und dachte, mein Kopf platzt. Ich hatte wirklich das Gefühl, ich werde verrückt und hab es immer noch.

Zwei Tage nach seinem Tod (wir sind morgens immer zusammen auf den Balkon, er wollte gucken, was draußen so los ist) habe ich die Rollos hoch gemacht und gegenüber auf der Straße zwei Katzenaugen leuchten sehen. Ich wusste SOFORT, das ist der Chester, hab die Balkontür aufgemacht und wusste, da sitzt mein Chester. Die Haltung, der Blick, alles. Ich rief meine Mutter, die bei mir übernachtet hatte. Sie sah ihn auch, es war eine grau getigerte Katze mit weißem Mäulchen, das hatte mein Chester auch. Ich habe dann „Chester" gerufen. Die Katze kam näher unter meinen Balkon, hat uns angeschaut, lange, genau so, wie er es immer gemacht hat, ist aufgestanden und weggegangen, hat sich noch zweimal umgedreht. Das hat er auch immer gemacht, wenn er hier herumgelaufen ist und dann war sie weg. Ich bin mir sicher, das war mein Chester, weil ich die letzten zwei Tage vorher immer gesagt habe, ich konnte mich nicht mal verabschieden.

Wir saßen dann beim Bestatter und mir ging es so schlecht. Meine Nerven waren am Ende, habe nur geheult, mein Herz und meine Seele haben so weh getan. Der Bestatter zeigte mir seine Urnen, ich hab die gar nicht wahr genommen bis auf eine, die mir gleich aufgefallen ist, ein weißes Herz mit goldenen Pfoten drauf, ich sagte wie in Trance: „Ich nehme diese." Dann sagte der Bestatter: „Was ist denn da passiert? So ein schönes Tier und er hatte ein so schönes Fell und war ja auch erst sechs Jahre..." dann kam was, was mir etwas komisch vorkam, der Bestatter sagte: „... und er war ja auch schwer, ich musste ihn mit zwei Armen heben..." als ich ihn aber in die Tasche legte, war er ganz leicht.

In weiteren Mails berichtete mir Sabrina, dass sie das Gefühl hatte, dass Chester weiterhin in ihrer Wohnung sehr präsent ist und sie deshalb Hilfe einer Tierkommunikatorin gesucht hat. Als sie das Protokoll der Tierkommunikatorin erhielt, war sie total überrascht, dass alles zu 100 % stimmte, egal, ob es um Charakter, Tagesabläufe, Verhaltensweisen oder Beschreibung von Personen oder Orten ging. Die Tierkommunikatorin hat auch gesagt, dass diese Katze am Morgen nach Chesters Tod, Chester gewesen sein könnte. Seelen können kurz einen anderen Körper suchen. Chester hat mitgeteilt, dass er zurückkommen möchte und die Umstände ziemlich genau beschrieben.

Damit ist die Geschichte also noch nicht zu Ende. Im November 2020 erhielt ich dann folgende Mail von Sabrina.

Hallo Herr Kilian,
Sie erinnern sich sicherlich, dass wir schon einmal Kontakt hatten, als mein Kater Chester verstorben war Anfang diesen Jahres. Ich hatte ja damals auch Kontakt zu einer Tierkommunikatorin, die mir sagte Chester kommt zurück...was soll ich sagen?! Chester ist tatsächlich zurück!!!!
Die Tierkommunikatorin sagte auch, Chester würde mir den Weg zeigen. Ich muss jetzt etwas ausholen, weil er mir den Weg tatsächlich gezeigt hat.

Wenn ich aus meinem Schlafzimmerfenster sehe, kann ich ein Haus auf der gegenüber liegenden

Seite meiner Straße sehen. Immer wenn ich im Schlafzimmer war, musste ich auf dieses Haus sehen. Es ist eine alte Villa und sehr schön. Ich dachte, na ja, es sieht eben schön aus, deshalb musst du immer hinsehen.

Ich wusste, dass in diesem Haus eine Frau wohnt, die immer an meinem Haus vorbei lief, um mit einem Hund Gassi zu gehen. Ich kenne diese Frau nicht weiter, ich weiß nicht mal wie sie heißt. Ich hatte mich nur mal mit ihr unterhalten, als Chester noch lebte und sie ihn auf dem Balkon sah und mir erzählte, dass Sie auch Katzen hat.

Na ja, wie gesagt, besonders abends, bevor ich ins Bett ging, musste ich immer eine Zeit auf das Haus schauen.

Ich lebe in einem kleinen Ort und wir haben hier leider nur noch einen Bauernhof, der etwas außerhalb auf dem Feld steht. Ich bin damals sehr viel spazieren gegangen, um mich abzulenken und immer bin ich auf dem Feld spazieren gegangen, wo der Bauernhof ist, obwohl ich viel lieber im Wald bin und wir hier sehr schöne Wälder haben.

Nun ja, ich weiß nicht warum, aber eines Tages lief die Hundefrau aus diesem Haus mir über den Weg und ich fragte sie, ob sie jemanden kennt, der Katzen hat, ich hätte gerne wieder eine Katze.

Warum ich das gemacht habe, weiß ich nicht, das war ganz spontan. „Nein" sagte sie „alle, die Katzen haben, haben sie kastrieren lassen und ich habe auch nur noch eine und die ist schon alt." dann sagte sie „ich kann mal die Frau R. vom Bauernhof fragen, die hatten immer Katzen." „Ja gut" sagte ich „machen Sie das bitte."

Ein paar Tage später sagte die Hundefrau, sie hätte sich das überlegt, sie hätte die Frau R. vom Bauernhof nicht gefragt, weil das ja dann eine Bauernhofkatze wäre und die wären nicht so einfach. Ich sollte doch mal zur Katzenhilfe gehen.

Ich bin aber nicht zur Katzenhilfe, weil ich wusste, dass Tierheime und auch die Katzenhilfe die Tiere immer nur als Pärchen abgeben und Chester hatte zur Tierkommunikatorin gesagt, er wolle wieder als einzelner Kater hier leben. Also habe ich selbst Frau R. vom Bauernhof angerufen, die ich nicht kannte und hab sie gefragt, ob sie Kätzchen abzugeben hat. „Nein, leider nicht. Wir haben alle unsere Katzen kastrieren lassen, weil es zu viele wurden. Aber der Vater meiner Schwiegertochter hat auch einen Bauernhof und seine Katze hat gerade Junge bekommen. Das ist eine grau getigerte, eine schwarze und eine rote und das rote Baby ist ein Kater!!!!!" Die anderen zwei waren Mädchen.

Ich dachte, ich spinne. Sie gab mir die Telefonnummer von diesem Bauern und ich rief ihn an. Er sagte mir: „Die Kätzchen sind drei Wochen alt." Ich fragte ihn, ob der rote Kater auch weiß im Fell hätte, weil die Tierkommunikatorin mir sagte, dass er wieder fast gleich aussehen möchte, nur mit etwas mehr weiß im Fell. Da sagte der Bauer: „Ja er ist an der Brust weiß und an den Pfoten, ansonsten rot." Wir machten einen Termin aus, dass ich mal schauen konnte. An dem Tag, als ich dorthin fahren und ins Auto einsteigen wollte, da lag auf dem Boden vor meiner Fahrertür ein Glückscent, ganz neu und funkelnd. Ich dachte, das gibt es nicht. Angekommen auf dem Bauernhof zeigte mir die Tochter des Bauern die Kätzchen, im ersten Moment dachte ich, nein, das ist nicht der Chester. Er lag da, hat mich gar nicht beachtet, die anderen Katzenbabys auch nicht und er war auch nicht rot, eher creme beige.

Ich war total enttäuscht und dachte, das gibt es doch nicht, hab es mir aber nicht anmerken lassen. Die Katzenmutter ist eine Glückskatze, sie ist mir nicht von der Seite gewichen und hat mich immer angeschaut. Ich habe mich mit der jungen Frau vom Bauernhof unterhalten, plötzlich sehe ich, wie Chester, so kraftlos wie er war mit seinen drei Wochen, sich aufgerappelt, ganz gerade hingesetzt, mich angesehen und sich seine Pfote geputzt hat (er hat sich immer sehr sehr viel geputzt). Da war mir klar, er hat meine Stimme erkannt. Ich habe weiter gesprochen, weil ich sehen wollte, was er macht. Er hat tatsächlich meine Stimme erkannt. Er kam an den Rand des Ställchens, wo er drin war, hat an meinem Finger geschnuppert und mich immer angesehen. Die anderen Kitten haben mich gar nicht beachtet.

Da wusste ich, dass er es ist. Ich sagte dem Bauern: „Ich möchte den kleinen roten!!!" Als er etwas älter als acht Wochen war, holte ich ihn ab. Sein Fell war schon etwas dunkler, aber er war ein schmächtiger kleiner Hering. Ich muss zugeben, dass seine Geschwister hübscher waren als er.

Ich saß im Auto, er in seiner Tasche und hat mich durch die Fenster der Taschen unentwegt angesehen, gestarrt sozusagen. Als wir zuhause waren und ich ihn aus der Tasche holte, ist er SOFORT!!! hier umher stolziert, als wäre er nie woanders gewesen. Er war weder verschüchtert, noch hat er sich irgendwo versteckt, nichts, er ist hier herummarschiert, wusste wo sein Napf steht, hat sofort gefressen, mit seinem Spielzeug gespielt und gequiekt vor Freude.

Er ist von Anfang an zu den selben Plätzen gegangen, wo Chester auch immer war. Er hat mit demselben Spielzeug immer wieder gespielt, was Chester immer am liebsten hatte. Er spielt auch gerne wieder Verstecken, alles was Chester auch gerne gemacht hat. Natürlich gab es auch Tage, an denen ich dachte, du bildest dir das alles ein. Aber jeden Tag mehr, auch jetzt noch, macht er Sachen, wo ich denke, doch das ist er, das sind Eigenarten, die nur er gemacht hat, was ich von anderen Katzen so noch nicht gehört habe.

Ich habe Chesters Urne hier stehen und als ich mal mit meiner Mutter telefonierte, lag er neben mir und ich sagte zu meiner Mutter: „Na ja, vielleicht bilden wir uns das alles nur ein." Da ist der kleine Kerl vom Sofa runter und hat sich genau neben Chesters Urne gelegt und sah mich an. Da wusste ich: „Nein, das ist nicht eingebildet, das ist mein Chester und deswegen heißt er auch wieder Chester."

Ein Foto, als er neben der Urne liegt, schicke ich Ihnen, auch eins von Chester 1 in seinem Alter jetzt und Chester 2, das Foto im Rahmen ist Chester 1 das andere Chester 2. Sie sehen sich nicht 100% ähnlich, aber seit Chester jetzt die blauen Augen nicht mehr hat, sondern Bernstein, wie vorher auch, sieht man es im Augenausdruck und natürlich im ganzen Wesen.

Das Einzige was an Chester 2 anders ist, er ist beim Futter nicht so wählerisch. Chester 1 war sehr kompliziert mit Futter und Chester 2 ist sehr kommunikativ. Er maunzt nicht, aber er macht

Geräusche, als wenn er mir antwortet oder mit mir schimpft oder so. Chester 1 war eher ruhiger. Ich bin überzeugt, dass er mir so wie er sagte, den Weg über die Hundefrau zum Bauernhof zeigte und ich weiß, dass er der Chester ist.

Chester hat mir den Weg gezeigt, wo ich ihn finden kann, da bin ich mir sicher und auch, dass es viel mehr zwischen Himmel und Erde gibt, als wir denken.

Boris braucht Hilfe, Manfred noch mehr!

Auf die folgende Geschichte wurde ich von einem Tierheimmitarbeiter aufmerksam gemacht, der mein Buch gelesen hatte. Er stellte auch den Kontakt zu Heinz, dem Bruder von Manfred, her. Heinz hat die Geschichte für mich und Sie aufgeschrieben.

Es gibt Menschen, die finden sich überall zurecht, haben schnell Kontakt und sind immer mitten im Leben. Mein Bruder Manfred ist leider nicht so. Er ist immer irgendwie traurig, immer allein, hat keine Hobbys, macht keinen Urlaub und hat keine Lebensfreude. Schon als Kind war er am liebsten mit unserem Hund Boris alleine im Garten oder im Wald.

Als Boris starb, unterbrach Manfred seine Lehre zum Maler und Lackierer für ein Jahr. Er litt fürchterlich, aß kaum und saß von morgens bis abends im Garten, egal wie das Wetter war. Wenn er sprach, dann nur von Boris, er lebte komplett in der Vergangenheit. Nachdem er dann endlich seine Lehre beendet hatte, bekam er eine Stelle als Lackierer in einem Industriebetrieb, in dem er noch immer beschäftigt. In fast dreißig Jahren hat er nie etwas mit seinen Arbeitskollegen unternommen.

Kurz vor seinem 50. Geburtstag rief er mich ganz aufgeregt an und fragte, ob ich ihn nach Braunschweig ins Tierheim fahren könnte. „Was willst du denn da?" fragte ich und er sagte: „Da sitzt der Boris in einem Zwinger und die anderen Hunde mögen ihn nicht. Ich hol ihn da raus." Es war das allererste Mal in meinem Leben, dass mich mein Bruder um etwas gebeten hat. Also habe ich keine weiteren Fragen gestellt, auf meiner Arbeit gesagt, dass ich wegen einer dringenden Familienangelegenheit den Rest des Tages frei mache, mich in mein Auto gesetzt, Manfred abgeholt und ihn nach Braunschweig gefahren.

Als wir am Tierheim ankamen, war es noch geschlossen. Also saßen wir eine Stunde im Auto. In dieser Zeit hat Manfred so viel mit mir geredet, wie in den gesamten letzten zehn Jahren nicht. Er erzählte, dass Boris wiedergeboren wäre und gestern sei er hier in dieses Tierheim gekommen, aber es ginge ihm sehr schlecht. „Woher weißt du das?" fragte ich. „Boris ist mir erschienen und hat es mir erzählt." war die Antwort.

Schließlich kamen zwei Mitarbeiterinnen des Tierheims und Manfred fragte nach dem Hund, den man gestern aufgenommen habe. „Das steht doch noch gar nicht in der Zeitung," sagte die eine Frau, „woher wissen Sie das?" „Irgendwie gehört" nuschelte Manfred. Dann gingen wir zu viert zu den Zwingern. In einem lag ein junger

Hund ganz alleine, er hatte sich in eine Ecke ge-knautscht und sah sehr unglücklich aus. Manfred sprach ihn an: „Boris komm her:" Der Hund hob seinen Kopf, sah Manfred und kam schwänzelnd angerannt. Die beiden vom Tierheim fragten mich, woher mein Bruder Boris kennt, aber ich sagte zu alledem nichts, mir hatte es die Sprache verschlagen.

Das war exakt der Hund, den wir als Kinder hat-ten, unser Boris. Er sah genauso aus und inzwi-schen weiß ich, dass er auch die gleichen Ge-wohnheiten, Vorlieben und Abneigungen hat, wie sie auch unser Boris hatte. Er mag es zum Beispiel überhaupt nicht, wenn man seine Ohren berührt. Mein Bruder ist doppelt glücklich. Zum einen hat er Boris zurück, zum anderen hat er jetzt eine Freundin. Sie wohnt ganz in der Nähe und hat zwei Hunde. Die beiden haben sich durch die Hunde kennengelernt.

Der geklonte Hund

Die nachfolgende Story habe ich von Anfang an bis zum heutigen Tag miterlebt. Anfangs stand ich Familie Winter bei der Behandlung ihres krebskranken Hundes zur Seite. Inzwischen sind fünf Jahre vergangen und obwohl wir uns noch nie persönlich getroffen haben, ist eine Freundschaft entstanden.

Familie Winter hat einen schwerbehinderten Sohn Roy, dessen größtes Interesse seiner französischen Bulldogge mit dem Namen Hu gilt. Als Hu acht Jahre alt war, erkrankte er an Krebs. Durch mein Buch „Krebs bei Hunden erfolgreich behandeln" bekam ich Kontakt mit Familie Winter. Als sie mir die Krankengeschichte von Hu erzählten und mir die Untersuchungsberichte der Tierärzte zuschickten, war mir klar, dass keine Heilung mehr möglich ist und das sagte ich Herrn Winter auch am Telefon, der daraufhin völlig verzweifelt war. Ich versuchte zu trösten, empfahl Medikamente, um Hu ein schmerzfreies und längeres Leben zu sichern. Die Mittel schlugen gut an, aber die Stimmung bei Familie Winter war auf dem Tiefpunkt. Bei einem Telefonat sagte Frau Winter: „Wenn Hu stirbt, stirbt auch mein Sohn, dann will ich auch nicht mehr." „Man kann doch Hunde auch klonen?" fragte sie. „Ja," antwortete ich „ich werde mich erkundigen."

Seit über zwanzig Jahren bin ich mit einer Tierärztin eng befreundet. Ich rief sie an, schilderte die dramatische Situation und fragte, was sie von Klonen hält. „Überhaupt nichts" meinte sie „kein Mensch hat das Recht, Gott zu spielen." Ich hatte versprochen, mich zu erkundigen, also recherchierte ich eine knappe Stunde im Internet und fand heraus, dass es problemlos möglich ist, einen Hund in China klonen zu lassen und diesen Hund dann auch ganz legal nach Deutschland einzuführen. Allerdings glaubte ich nicht, dass Familie Winter die finanziellen Mittel dafür besitzt, denn die Kosten wurden mit circa 80.000 US-Dollar angegeben. Nach weiterer Recherche rief ich Familie Winter an und schilderte, was ich herausgefunden hatte.

Es ist so, dass der geklonte Hund nicht unbedingt genauso aussieht wie das Original und der Charakter kann ein völlig anderer sein. „Nüchtern betrachtet" erklärte ich „erhält man für das Geld lediglich einen Hund, dessen Genetik zu über 99 % mit dem Original übereinstimmt, mehr nicht." „Ja klar" sagte Frau Winter „wenn Hu ein Weibchen wäre und Welpen gebären würde, wären sie natürlich auch anders." Trotzdem wären sie Fleisch und Blut von Hu und dies sei wichtig für sie. Aber leider sei Hu ja ein Rüde und aufgrund einer Kastration auch nicht zeugungsfähig. Wenn man aber mit ein bisschen Haut von Hu einen Welpen zaubern könnte, dann wäre sie sofort dabei. Aber so viel Geld hätten sie leider nicht.

Herr Winter meinte, er würde versuchen, das Geld aufzutreiben, eventuell, indem sie ihr Haus beleihen. Mir gefiel das ganze überhaupt nicht. Ich befürchtete, dass sich die Familie so ins Unglück stürzen könnte. Ich fragte, ob es nicht viel einfacher wäre, jetzt schon eine hübsche graue französische Bulldogge anzuschaffen und diesen Welpen gemeinsam mit Hu großzuziehen. Dann wäre, wenn Hu stirbt, alles nicht mehr ganz so schlimm. Außerdem meinte ich, dass sich ihr Sohn Roy ganz bestimmt über einen quietschfidelen Welpen freuen würde. „Nein" sagte Frau Winter „der Welpe wäre ja nicht von Hu. Das ist so ähnlich wie ein adoptiertes Kind, es ist nicht das eigene."

Familie Winter tat mir ehrlich leid und der Gedanke, dass Herr Winter eventuell das Eigenheim opfern würde, um einen geklonten Hund zu bekommen, beunruhigte mich extrem. In meinen Augen war das gegen jede Vernunft. Daher überlegte ich, wie ich Familie Winter helfen kann und rief nochmals meine Freundin, die Tierärztin, an.

Ich fragte sie, ob sie jemals etwas mit geklonten Tieren zu tun hatte und sie berichtete, dass in der

Tierklinik, deren Mitinhaberin sie ist, in den letzten Jahren drei geklonte Hunde und vier geklonte Katzen behandelt wurden. Alle Tiere wären in gutem Zustand gewesen. Sie waren alle wegen irgendwelchen Unfällen in der Klinik. Von einem Hund wusste sie genau, dass das Klonen 11.000 € gekostet hatte, aber genaueres wusste sie nicht. Ich fragte, ob es möglich sei, dass sie die Hundebesitzer dieses Tieres nach der Anschrift fragt. Dies lehnte sie aber entschieden ab. Hauptsächlich aus tiefster Überzeugung, dass Klonen ein unmoralischer Akt sei.

Ich kam also nicht weiter, aber Familie Winter. Sie folgten dem Rat eines Freundes und beauftragten einen Internetdetektiv, der sich auch im Darknet auskennt. Für 1.500 € erhielt Familie Winter die Anschrift eines kleinen privaten Forschungslabors in Frankreich. Dieses Labor betreibt Grundlagenforschung und ist berechtigt im Rahmen seiner Forschungen zu klonen. Am Telefon gab man sich höflich reserviert. Ja, man würde klonen, aber natürlich nur im Rahmen der eigenen Forschung. Man ließ aber durchblicken, dass ein persönliches Gespräch sinnvoll sein könnte. Man könne sich die Firma dann auch einmal ansehen. Herr Winter vereinbarte einen Termin, zu dem er mit Frau, Sohn und Hund eine Woche später anreiste.

Nun liebe Leser ist es erforderlich, dass ich etwas über Klonen schreibe. Klonen bedeutet, ein Lebewesen mit identischem Erbgut künstlich zu erzeugen. Im Jahr 1996 wurde in England das Schaf Dolly geklont, das war der Anfang. Inzwischen sind wir so weit, dass wir theoretisch jedes auf unserer Welt lebende Lebewesen klonen könnten. Auch Menschen könnten geklont werden. Damit dies nicht geschieht, gibt es Gesetze, die es verhindern (sollen).

Viele glauben, dass das Klonen von Tieren in Deutschland komplett verboten ist, aber das stimmt nicht. Hierzulande dürfen Tiere zu Forschungszwecken geklont werden. Das ausführende Institut benötigt dafür lediglich eine Genehmigung. In der medizinischen Forschung sollen Klone bei der Erprobung von neuen Medikamenten die allererste Wahl sein, da durch das Klonen alle Versuchstiere die gleichen Gene haben.

Seit 2014 werden in Deutschland Schweine als Versuchstiere für die Pharmaindustrie geklont, um an ihnen Medikamente für Alzheimer zu testen. Nun stellt man sich wahrscheinlich die Frage, wie es möglich ist, an Schweinen Alzheimermedikamente zu testen. Ganz einfach, durch eine Genmanipulation des Spendertieres kommen bereits alle Ferkel mit Alzheimer zur Welt. Im Pferdesport, wo es um riesige Geldbeträge geht, sind geklonte Pferde omnipräsent. Niemand weiß, wie viele davon in deutschen Ställen stehen. Es gibt keine offiziellen Zahlen und die „Hersteller" halten ihre Kundenlisten geheim.

In Asien werden erfolgreiche Polizeihunde geklont, um weitere gute Polizeihunde zu erhalten. Auch Hunde, die in Filmen mitspielen, werden geklont. So kann man den schon älteren Hund problemlos durch ein identisch aussehendes Exemplar ersetzen. Privatpersonen, die über entsprechende finanzielle Mittel verfügen, machen ebenfalls kein Hehl daraus, dass sie Tiere klonen lassen. So hat Barbara Streisand gleich drei Klone ihrer verstorbenen Lieblingshündin Samantha.

Wenn eine Privatperson einen Hund oder eine Katze klonen lassen möchte, muss sie mit enormen Kosten rechnen. Die Preise beginnen bei circa 50.000 Euro, gehen aber auch mal über die 100.000 Euro hinaus. Die drei bekanntesten Firmen auf diesem Gebiet sind Sinogene/China, Sooam/Südkorea, Via Genpets/USA.

In Deutschland gibt es derzeit offiziell zwei geklonte Hunde (Stand Oktober 2020). Diese Zahl steht im krassen Gegensatz zu der Aussage meiner Freundin der Tierärztin, in deren Praxis schon sieben geklonte Tiere behandelt wurden. Da stellt man sich natürlich die Frage, wie viele mag es wohl insgesamt in Deutschland geben.

Klonen ist kein Zauberwerk. Im Grunde ist es sogar ziemlich einfach.

Zunächst werden Zellen des zu klonenden Tieres benötigt. Wenn das zu klonende Tier noch lebt, geht das sehr problemlos mit einer Gewebeprobe, wie sie jeder Tierarzt entnehmen kann. Ist das zu klonende Tier bereits verstorben, muss kurz nach dem Tod eine Gewebeprobe genommen werden. Es tut auch ein Stück vom Ohr oder die Schwanzspitze. Diese Gewebeprobe wird auf 10°C abgekühlt und muss innerhalb einer Woche von einem entsprechenden Labor aufgearbeitet werden. Das Labor entnimmt Zellen, isoliert den Zellkern und vermehrt diesen. Ab jetzt gibt es keine Eile mehr, denn die so gewonnenen Zellkerne können über Monate gelagert werden. Ich glaube, man kann sie sogar für die Ewigkeit einfrieren.

Der gewonnene Zellkern wird nun in eine Eizelle, deren Zellkern vorher entfernt wurde, eingesetzt. Wenn sich der Zellkern mit der Eizelle verbindet, entsteht ein Embryo. Dieser Embryo wird dann in ein Leihmuttertier eingesetzt. Bei Hunden nimmt man hierfür große Mischlingshündinnen, weil sie widerstandsfähig sind und im Gegensatz zu Rassehündinnen einen größeren Uterus haben. Nun trägt das Leihmuttertier wie bei einer ganz normalen Schwangerschaft das neue Lebewesen aus und bringt es mit einer Geburt auf die Welt.

Als Familie Winter aus Frankreich zurückkam, waren sie begeistert. Für 10.000 € sollten sie einen Klon ihres Hundes Hu bekommen. Die erforderliche Gewebeprobe war Hu bereits entnommen worden. Eine Anzahlung von 3.000 € in bar hatte Familie Winter bezahlt, dafür aber keine Quittung erhalten. Man hatte ihnen gesagt, dass sie nun im Labor einen Embryo züchten, aber nicht wüssten, wie lange es dauert, da manchmal bis zu einhundert Versuche notwendig sind, bevor ein Zellkern die Eizelle annimmt und daraus dann der Embryo entsteht. Außerdem sei nicht gesichert, dass es überhaupt zu einem Embryo kommt. Wäre dieser Fall eingetreten, hätte Familie Winter 3.000 € für diesen Versuch ausgegeben.

Einen Monat später wurde Familie Winter telefonisch mitgeteilt, dass nun ein Embryo zur Verfügung steht und dieser, sobald 4.000 € auf dem Konto eingegangen sind, in eine Hundedame namens Big Eva eingesetzt werde. Der Betrag musste mit dem Vermerk Spende auf das Konto der Firma überwiesen werden.

Ich stand die ganze Zeit mit Familie Winter in Verbindung, denn natürlich wollte ich genau wissen, was geschieht. Glücklicherweise war ich nur ein unbeteiligter Beobachter. Die ganze Sache war mir absolut nicht geheuer. Keine Auskunft am Telefon, kein Vertrag, keine Rechnung, eine Überweisung, die als Spende getarnt wurde, wer da nicht an Betrug denkt, muss schon sehr blauäugig sein oder verzweifelt und überzeugt, wie Familie Winter.

Ich habe mich glücklicherweise getäuscht. Familie Winter erhielt ihren Hundeklon, einen gesunden verspielten kleinen Welpen, der ihnen von einem Mitarbeiter der Firma, der regelmäßig nach Deutschland kommt, sogar persönlich gebracht und gegen Zahlung der restlichen 3.000 € ausgehändigt wurde. Herr Winter erzählte mir, dass wenn er mit dem Welpen nicht einverstanden gewesen wäre, ihn hätte ablehnen können und die Restzahlung von 3.000 € nicht fällig gewesen wäre. Frau Winter hat den Mitarbeiter, der mehrere Stunden bei Familie Winter war, gefragt, wieso sie nicht den gesamten Betrag im Voraus bezahlen mussten und warum man sich so großzügig und entspannt gab. Er antwortete „Wir wollen Menschen wie Ihnen helfen, dürfen es aber leider aus gesetzlichen Gründen nicht. Wir machen es aber trotzdem und wollen natürlich keine Probleme. Wir versuchen durch Fairness jeglichen Ärger zu vermeiden."

Der kleine Welpe wurde Bah genannt. Der kurze Name hat mit dem sehr langsamen Sprachverhalten des Sohnes zu tun. Rein optisch, würde ich sagen, dass Bah genauso aussieht wie Hu im gleichen Alter, was aber keine große Sache ist, denn eine fast einfarbige junge französische Bulldogge sieht aus wie fast jede andere junge französische Bulldogge auch. Ich habe mir im Internet Fotos angesehen und bin der Meinung, dass ich keine wesentlichen Unterschiede erkennen kann. Laut Familie Winter sind Hu und Bah sehr verschieden. Hu ist schon immer ein Schmuser gewesen, auch als Welpe. Bah ist ein liebenswerter Rabauke, der auch gerne mal in die Hand oder den Arm zwickt. Hu und Bah verstanden sich von Anfang an großartig. Bah lernte von Hu sehr viel, obwohl die Charaktere der beiden sehr unterschiedlich sind.

Hu starb, wie zu erwarten, an Krebs. Durch Bah wurde er von seinen Schmerzen abgelenkt und wohl auch sein Leben verlängert, denn der junge Welpe hatte ihm nochmal viel Lebensfreude gegeben. Kurz nach Hus Tod veränderte sich das Verhalten von Bah. Er wurde ruhiger, ließ sich lange knuddeln, hörte auf zu zwicken und nahm langsam Eigenschaften von Hu an. Besonders auffällig war dies bei Spaziergängen. Während er anderen Hunden gegenüber immer sehr reges Interesse zeigte, änderte er sein Verhalten im Laufe eines Jahres vollständig. Hu war zu Lebzeiten an anderen Hunden nie interessiert, meistens ignorierte er sie und genau dieses Verhalten zeigt jetzt Bah. Herr Winter sagte mir, dass sich Bah in Hu verwandelt hätte. Er und seine Frau glauben, dass die Seele von Hu nun im Körper von Bah lebt und die Seele von Bah an anderer Stelle auf einen neuen Körper wartet. Bah ist inzwischen drei Jahre alt und kerngesund. Er ist eine Schmusebacke geworden. Frau Winter sagte, dass alle ihre Wünsche an Bah in Erfüllung gegangen seien, eigentlich wären ihre Erwartungen weit übertroffen. Sie hat den Eindruck, dass Bah genau weiß, was ihr Sohn Roy genau jetzt in diesem Augenblick möchte und dann entsprechend handelt. Es ist, als könne er Gedanken lesen.

Überaus interessant ist das Verhalten von Sohn Roy. Er hatte nie Probleme, die Hundenamen Hu und Bah zu unterscheiden. Laut Familie Winter braucht er immer einige Sekunden des Nachdenkens bevor er dann sehr langsam spricht, aber wenn er etwas über die Hunde erzählt, hat er noch nie die Namen verwechselt. Eines Tages meinte er: „Bah ist weg" und das, obwohl der Hund auf seinem Schoß saß. Frau Winter antwortete: „Nein, schau, da ist Bah doch." und Roy sagte: „Das ist Hu, Bah ist weg."

Der Hund und die Warzen

Eine Familie war mit Wohnmobil und Hund in den französischen Seealpen. Bei einer Wanderung stürzte der Hund von einem Felsen und wurde dabei schwer am Rücken verletzt. Mit Traktor und Taxi ging es zu einer Tierärztin. Diese untersuchte den Hund und sagte, dass die Wirbelsäule gebrochen sei und es das beste wäre, den Hund einzuschläfern. Aufgrund des erbärmlichen Zustandes ihres geliebten Hundes stimmte die ganze Familie zu. Alle verabschiedeten sich tränenreich von ihm, während die Tierärztin ihre Spritzen vorbereitete. Der Tierärztin war aufgefallen, dass der Mann hunderte von Warzen an seinen Händen hatte und sprach ihn darauf an. Er erzählte, dass er die Warzen schon fast ein Jahrzehnt lang habe und vieles erfolglos ausprobiert hat. Die Tierärztin befragte ihn nach seinem Verhältnis zu seinem Hund und er sagte, dass eine tiefe innere Verbundenheit besteht. Daraufhin riet sie ihm, dass er die Seele des Hundes bitten solle, die Warzen mit in den Tod zu nehmen. Er tat es und einige Wochen später waren alle Warzen vollständig verschwunden. Faszinierend, aber das wirklich Unglaubliche kommt noch.

Diese Geschichte hat mir eine Leserin meines Buches „Krebs? Die Kilian Methode!" geschickt. Sie schrieb, dass bei ihr ein bösartiger Tumor in der Leber diagnostiziert wurde, der, so die Ärzte, unbedingt operiert werden müsse. Kurz vor ihrer anberaumten Operation verschlechterte sich der Zustand ihrer alten Katze dramatisch und sie entschloss sich, sie einschläfern zu lassen. Da fiel ihr die Geschichte aus Frankreich wieder ein, die einer Arbeitskollegin passiert war und sie bat ihre Katze, ihren Lebertumor mit in den Tod zu nehmen. Die Operation wurde abgesagt nachdem eine Ultraschalluntersuchung einige Tage später, die als Vorbereitung für die Operation galt, ergeben hatte, dass kein Tumor mehr vorhanden war.

Die Bibel beginnt mit dem 1. Buch Mose. Weiter geht es bis zum 5. Buch Mose. Insgesamt gibt es jedoch 13 (Moses, Mosis) Bücher. Wer diese Bücher geschrieben hat, ist nebulös. Die ersten erschienen bereits im 4. Jahrhundert nach Christi auf Papyrus, alles reichlich undurchsichtig und rätselhaft.

Besonders interessant ist der Band: „Das sechste und siebente Buch Moses" Untertitel „Das ist Moses magische Geisterkunst, das Geheimnis aller Geheimnisse."

Ich besitze ein Exemplar dieses Buches. Es war eine Zeitlang in Deutschland verboten, weil es teilweise lebensgefährliche Ratschläge enthält. Es steht auch wirklich reichlich skurriles Zeug darin, aber auch vieles über alte Hausmittel, die heute noch gebräuchlich und auch wirksam sind.

In meiner Ausgabe (je nach Verlag und Erscheinungsjahr gibt es leicht unterschiedliche Inhalte) steht zum Thema 'schwere unheilbare Krankheit': „Man bete bei einem Hund, der in den letzten Zügen liegt und bitte ihn, die Krankheit mit fortzunehmen."

Zum Thema 'Warzen' steht dort: „Während man zu einer Leiche läutet, steht man an einem fließenden Wasser, wäscht den Teil, wo die Warze ist und spricht dabei: Jetzt läutet man einer Leiche und was ich wasche, das weiche!"

Kann die Seele eines Menschen oder eines Tieres eine Krankheit „mit fortnehmen"? Ich kann Ihnen keine Antwort auf diese Frage geben, weil ich selbst keine Erfahrung damit habe. Tatsache ist, dass viele Menschen behaupten, dass eine Krankheit bei ihnen nach dem Tod eines Angehörigen oder eines geliebten Tieres plötzlich verschwunden war.

Unerklärliche Spuren im Sand

Im Sommer 2019 wurde mir kommentarlos ein Video zugeschickt, in dem Folgendes zu sehen ist:

Eine Frau geht allein am Meer entlang. Sie läuft barfuß im feuchten Sand und teilweise im Wasser. Es ist ablaufendes Wasser. Während sie geht, filmt sie sich mit ihrem Handy und spricht für ihre Kinder eine Nachricht. Sie erzählt, dass sie nun doch nach Dänemark gefahren ist, um in Ruhe zu trauern. Sie erzählt von ihrem Hotelzimmer, dem Wetter, dem Essen und gerade als ich denke: „Was soll ich denn mit so einem Video?" stößt sie einen schrillen Schrei aus. Ich sehe dafür keinen Grund, aber die Frau ist völlig außer sich. Sie schreit so laut, dass sich ihre Stimme überschlägt.

Ich verstehe nicht, was sie sagt, höre aber mehrfach den Namen Danny. Dann filmt sie den Sand und dort sind genau neben ihrer Fußspur weitere Abdrücke im feuchten Sand zu sehen. Es sind die Pfotenabdrücke eines Hundes. Weit und breit ist kein Hund zu sehen, auch keine anderen Menschen oder andere Fußabdrücke. Der Strand wirkt jungfräulich frisch, weil dort bis vor kurzem noch Wasser war.

Nun läuft die Frau am Strand zurück und filmt ihre Fußspur, alle paar Meter sind neben ihrer Spur Pfotenabdrücke deutlich zu sehen. Sie haben eine Größe von circa 3 cm im Durchmesser und sind nur sehr schwach ausgebildet.

Bei einem späteren Telefonat sagte mir Frau Mertens, dass ihr verstorbener Hund Danny eine Schulterhöhe von knapp 40 cm hatte und relativ zierlich war. Die Pfotenabdrücke könnten nach meinem Dafürhalten von solch einem Hund stammen.

Aber das Wundersamste kommt jetzt. Frau Mertens erzählte, dass sie am Tag zuvor genau an dieser Stelle die Asche von Danny bei ablaufenden Wasser ins Meer gestreut hat.

RTL-Bericht

Am 23.10.2015 erschien bei RTL ein Bericht mit folgender Überschrift:

Unglaubliches Foto: Toter Hund erscheint als Engel vor seinem Frauchen!

Auf dem Foto ist Frau Lang zu sehen. Sie steht auf einer grünen Wiese und in der Luft neben ihr ist sehr deutlich die Silhouette eine großen Hundes zu sehen. Das Foto entstand, als Frau Lang die Asche ihres geliebten Golden Retrievers an seinem Lieblingsplatz in die Luft warf. Foto und Bericht können problemlos im Internet gefunden werden.

Späte Erkenntnis

Nun eine Email im Originalwortlaut.

Eine Freundin hat mir Ihr Buch zum Lesen geliehen. Erst fand ich alles reichlich suspekt, um nicht zu sagen unglaubwürdig, aber interessant zu lesen. Manchmal erkennt man den Sinn von etwas, das passiert ist, erst viele Jahre später. So ging es mir, als ich in Ihrem Buch das Zitat vom Rumi las: „Nicht nur die Durst'gen suchen das Wasser – das Wasser sucht die Durstigen."

1966 war ein schlimmes Jahr für mich. Ich musste aus der schönen Eifel nach Hamburg ziehen, um dort mein Studium fortzusetzen. Zuhause kannte jeder jeden, hier kannte niemand niemanden. Alles war fremd, ich fühlte mich wie der einsamste Mensch auf Erden. Genausogut hätte ich auf der Rückseite des Mondes leben können. Ich hatte ein Zimmer zur Untermiete in einer Altbauwohnung bei einer alleinstehenden Lehrerin gefunden, die aber leider nicht gesprächig war. Mir fehlte mein Zuhause.

Um etwas Grün zu sehen, ging ich manchmal in den kleinen Park in der Nähe. An einem Tag als es mir besonders schlecht ging und ich überlegte, das Studium zu schmeißen, saß ich dort auf einer Bank und konnte vor lauter Tränen kaum etwas sehen. Da machte es ohne jede Vorankündigung

Plopp und eine Katze war auf meinen Schoß gesprungen. Ich war so fertig, dass ich mich noch nicht einmal erschrocken habe.

Ich begann die Katze zu streicheln, was sie auch reichlich genoss und von Minute zu Minute ging es mir besser. Ich redete mir alles von der Seele. Die Katze hörte geduldig zu. Plötzlich war da ein Gefühl von Heimat, Zugehörigkeit und Vertrautheit, ein Gefühl von Glück. Die fremde Katze hatte all das in mir ausgelöst. Genauso plötzlich wie sie gekommen war, ist sie auch wieder verschwunden. Ich habe sie nur dieses eine Mal gesehen.

Heute weiß ich, dank Ihres Buches, dass es keine fremde Katze war. Es war unsere alte Hofkatze Batzi, die ein Jahr zuvor gestorben war. Ihre Seele hat mich gesucht und im fernen Hamburg heulend gefunden. Sie kam zu mir, um mich zu trösten.

Nachtodkontakt mit Hund Joni

Ein Leser meiner Bücher hat mir den Link zu einem YouTube Video mit dem Titel „Der Nachtodkontakt mit dem Hund Joni" geschickt. Hier berichtet ein seriöses Ehepaar, dass ihnen ihr Hund acht Tage nach seinem Tod nachts um drei Uhr erschienen ist. Die Frau berichtet, dass sie Joni im Arm hielt und seine Wärme spürte.

Das Video ist interessant. Noch interessanter sind aber die Kommentare. So schreibt zum Beispiel ein Ehepaar, dass sie ihrem verstorbenem Hund bei einem Spaziergang begegnet sind. Sie beschreiben ihn als silberweiße Lichtfigur. Eine andere Frau erzählt, dass sie ihren verstorbenen Hund regelmäßig spüren kann. Viele berichten über ihre Erfahrungen, die sie mit ihren verstorbenen Haustieren gemacht haben. Einen Kommentar fand ich ganz toll, er lautet: „Ich glaube NICHT an den Tod."

Pina

Im Dezember 2018 erfuhr ich in mehreren Emails von Bernd aus Süddeutschland, wie er und seine Familie die Wiedergeburt ihrer Hündin Pina erlebt haben.

Mit großem Interesse habe ich Ihr Buch „Sie kommen zurück" gelesen. Das Thema Wiedergeburt und Seelenwanderung hatte mich bisher nie beschäftigt; wahrscheinlich bin ich in meinem Leben zu oberflächlich gewesen und habe mir keine Gedanken darüber gemacht.

Warum ich Ihnen schreibe? Seit einigen Wochen beschäftigt mich das Thema Wiedergeburt sehr. Was ist passiert?

Am 30.05.2018 mussten wir unsere geliebte Hündin Pina mit 15,5 Jahren gehen lassen. Sie hatte eine schwere Nierenerkrankung und wir konnten ihr leider nicht mehr helfen. Meine Frau und ich hatten damals beschlossen keinen jungen Hund mehr aufzunehmen. Wir sind beide knapp über 60 und wer weiß, ob wir mit 70 oder 75 noch in der Lage sind, einem Hund ein schönes Zuhause zu geben. Außerdem haben wir noch unsere 7 Jahre alte Lea, ein lieber Mischlingshund aus der Schweiz.

Nun ist Folgendes geschehen. Eines Tages zeigte uns unsere Tochter auf dem Handy ein Video der Tierschutzorganisation „Fellnasen Stuttgart". Auf diesem Video war ein kleiner Hund, vom Kopf her, den Augen und seinem Blick wie unsere „alte" Pina. Unsere Tochter scrollte in Facebook weiter nach unten, das kleine Hündchen hieß ebenfalls Pina, kommt auch aus Italien und ist in der Woche geboren, in der wir unsere „alte" Pina gehen lassen mussten. Wir bekamen Gänsehaut und waren den Rest des Tages emotional sehr aufgedreht.

Unser Familienrat beschloss dann, diesen Hund bei uns aufzunehmen, was uns letztendlich auch gelang.

Bei der Übergabe schaute mich die „neue" Pina mit großen Augen an und ich war mir zu 100 % sicher, mich hat unsere „alte" Pina angeschaut. Zuhause hat sie dann zu unserer großen Verwunderung alles sehr gelassen aufgenommen. Wir hatten den Eindruck, dass die „neue" Pina alles schon kannte. Wir haben einen ziemlich großen Garten (1.300qm). Auch dort benahm sie sich, wie wenn sie schon mal hier gewesen wäre.

Mittlerweile haben wir unsere „neue" Pina 5 Wochen und wir sind uns sehr sicher dass unsere „alte" Pina wieder zu uns nachhause gekommen ist. Wir machen wirklich zur Zeit eine neue große

Erfahrung mit. Auch sehen wir viele Dinge jetzt mit anderen Augen.

Pina entwickelt sich prächtig und erstaunt uns immer wieder aufs Neue. Befehle wie „Bleib" oder „Steh" müssten für sie eigentlich fremd sein, trotzdem reagiert Pina entsprechend. Wirklich erstaunlich!!!!

Mit anderen Hunden geht sie Anfangs sehr schüchtern und vorsichtig um. Vielleicht möchte sie signalisieren „Kennt ihr mich noch?". Bei der zweiten oder dritten Begegnung wird dann mit dem/der Artgenossen/in gespielt, getobt oder derjenige wird wie bei unserer alten Pina einfach ignoriert. Pina Alt konnte dieses Ignorieren vortrefflich anwenden. Dabei war sie anderen Hunden gegenüber immer freundlich, nie aggressiv oder unsicher.

Nach einigen Wochen habe ich noch einmal nachgefragt, wie sich Pina entwickelt und folgende Antwort erhalten:

Wir sind immer mehr erstaunt. Am Wochenende waren wir mit „Klein Pina" zum ersten Mal bei unseren Pferden auf unserem Hof. Wir waren sehr gespannt wie Pina die Situation aufnimmt und wurden etwas „enttäuscht". Pina verhielt sich so, wie wenn Pferde nichts Neues für sie wären und ihren „alten" Kumpel Jerom hat sie mit einem Nasenstüber begrüßt. Kein zwischen die Hufe laufen, keine Angst gegenüber diesen großen Tieren, es war wirklich erstaunlich.

Zu Ihrer Frage hinsichtlich weiterer „Wunder" haben wir zwei echte Auffälligkeiten festgestellt.

Unsere alte Pina wurde im Alter von 11 Jahren aufgrund eines gutartigen Tumors am Becken operiert und hatte danach einen leicht „schrägen" Gang mit den Hinterbeinen. Genau dieser schräge Gang zeigt sich jetzt bei Klein Pina, **einem jungen und gesunden Hund.**

Zum zweiten gab es für Alt Pina einen absoluten Lieblingsplatz in unserem Büro unter dem alten Schreibtisch. Keiner unserer bisherigen Hunde hat diesen Platz je benutzt, Klein Pina liegt mittlerweile am liebsten dort.

Sie sehen, unsere kleine Pina erstaunt uns immer wieder aufs Neue und wir sind sehr froh dass wir sie haben.

Im November 2020 habe ich die Familie wegen der Veröffentlichung in diesem Buch angeschrieben und noch ein Update erhalten:

Pina hat sich in den vergangenen zwei Jahren zu einem fröhlichen und lebhaften Hund entwickelt. Wir haben sehr viel Freude mit ihr. Die von uns beschriebenen „Gewohnheiten" der

„alten" Pina hat sie beibehalten. Lediglich der etwas schräge Gang hat sich etwas gebessert, wir vermuten, dass es daran liegt, dass Pina 2 entgegen Pina 1 ja keine wirklichen gesundheitlichen Einschränkungen hat und deshalb ohne Beeinträchtigungen eigentlich normal laufen kann.

Stromschwankung im Wohnmobil

Ein Mann aus meinem ehemaligen Wohnort Obernkirchen hat mir vor einigen Jahren folgende Geschichte erzählt.

Der Mann und seine Frau hatten im Herbst ein paar freie Tage, die sie für eine Wohnmobilreise nach Dresden nutzen. Ihren Hund Dingo nahmen sie diesmal nicht mit, weil sie Museumsbesuche, ein Konzert und einen Kneipenbummel mit Bekannten geplant hatten. Dingo blieb bei der Tochter und ihrer Familie.

In Dresden fanden sie einen schönen zentrumsnahen Stellplatz, auf dem sie das Wohnmobil abstellten und für mehrere Tage einrichteten. Auch die Satellitenschüssel für den Fernsehempfang wurde ausgefahren. Das Wohnmobil funktionierte wie immer problemlos. Eines Abends als sie um 20.00 Uhr die Nachrichten sehen wollten. begann das Fernsehbild zu flimmern und unscharf zu werden. Kurz darauf flackerte auch die Innenbeleuchtung des Wohnmobils. Erst glaubten die beiden an eine Störung der 220 Volt Anlage, aber auch die 12 Volt Beleuchtung des Fahrerhauses flackerte. Ein paar Sekunden später war alles wieder in Ordnung.

Etwas später klingelte das Handy. Es war ihre Tochter, die Ihren Eltern mitteilte, dass Dingo so-

120

eben verstorben sei. Die Tochter hatte gegen 18.00 Uhr mit Dingo einen Spaziergang in der Nähe des Friedhofs gemacht und der Hund hatte plötzlich etwas gefressen. Kurze Zeit später jaulte er vor Schmerzen und kippte auf die Seite. Dingo wurde sofort zur Tierärztin gebracht, die sogleich wusste, dass er einen Giftköder gefressen hatte. Sie wusste es so genau, weil sie die Symptome bereits bei zwei anderen Hunden in dieser Woche gesehen hatte.

Um 20.00 Uhr erlöste die Tierärztin Dingo mit einer Spritze und genau zu diesem Zeitpunkt flackerte mehrere hundert Kilometer entfernt das Fernsehbild und die Beleuchtung im Wohnmobil.

"Dingo hat sich von uns verabschiedet" meinte der Mann zu mir. „Er wollte uns zeigen, dass jetzt seine Seele immer dorthin gehen kann, wohin sie will."

Wir sind realistische, sachliche Kopfmenschen

Nach einer Lesung in einer Buchhandlung wurde mir von einer Zuhörerin ein Brief mit folgendem Inhalt überreicht, sogar mit dem Vermerk, ihn veröffentlichen zu dürfen.

Am 21. Februar 1980, meinem 18. Geburtstag, ging ich mit meiner Freundin an der Aller entlang, als wir nahe am Ufer etwas im Wasser plantschen sahen. Zunächst glaubten wir, es sei eine Ente, aber dann erkannten wir, dass es eine junge Katze war. Sofort zog ich meine Winterstiefel und die Jeans aus und holte das völlig erschöpfte Fellknäuel aus dem Wasser.

Es war ein Kater. Ich nannte ihn Titanic, weil der Fluss voller Eis war und er darin fast untergegangen wäre. Der Name war aber zu sperrig, also rief ich ihn nur Titan. Sechzehn Jahre war er Teil meines Lebens. Als er starb war ich natürlich sehr traurig, aber inzwischen hatte ich einen Mann und einen Sohn und so verblasste die Erinnerung an ihn mit der Zeit.

Kurz vor meinem 50. Geburtstag kam ich auf dem Wochenmarkt mit einer Frau ins Gespräch. Da wir den gleichen Nachhauseweg hatten, gingen wir gemeinsam. Als wir an ihrem Reihenhaus ankamen, sah ich eine Katze hinter dem Fenster sitzen. Sie wirkte sehr stolz und das sagte ich auch. „Sie ist so stolz, weil sie Mutter geworden ist, möchten Sie die Kleinen mal sehen?" Wir gingen hinein und wurden sofort liebevoll begrüßt. So wie ich war, setzte ich mich auf den Boden, um mit den Kleinen zu spielen.

Auf einmal änderte sich meine Wahrnehmung, irgendetwas war komplett anders. Die Zeit lief in Zeitlupe, es war absolute Ruhe. Ein kleiner Kater kam gaaanz langsam aus der Küche auf mich zu, drei weiße Pfoten, die vordere linke schwarz, genau wie früher bei Titan. Als ich ihn in die Hände nahm, war mir sofort klar, dass es Titan ist.

Er ist genauso langsam und nun ja, man muss schon sagen faul, wie Titan es immer gewesen ist. Er liebt die gleichen Spielzeuge, hat die gleichen Vorlieben und Abneigungen, die gleiche Fellzeichnung und inzwischen sogar exakt das gleiche Gewicht.

Weder mein Mann noch ich sind esoterisch oder religiös, wir sind beide Realisten, sachliche Kopfmenschen, das verlangt auch unser Beruf. Wir verlieren uns niemals in irgendwelche Tag- oder Wunschträume. Um uns von etwas zu überzeugen, braucht es sachliche Fakten. Beide sind wir der Überzeugung, dass Titan zurück ist.

Fragezeichen

Bei einem Healing Festival hat mir ein junger Mann folgende Geschichte erzählt.

Seine Großeltern stammen aus den Niederlanden. Sie hatten einen alten Kater, der eines Tages eines natürlichen Todes starb. Die Großmutter hatte eine sehr tiefe Verbundenheit mit diesem Tier, die auch nach dem Tod nicht abriss. Sie redete täglich mit der Seele des Katers, erzählte, was so geschieht und fragte um Rat. Am 13. Juli 2014 erhielt sie die Botschaft, dass großes Unheil über die Familie kommen werde. Bis dahin hatte es nie irgendeinen Hinweis auf etwas „Unschönes" gegeben. Daher nahm die Großmutter und auch die Familie diese Aussage sehr ernst. Die Seele des Katers übermittelte die Botschaft, alle Familienangehörigen sollten eine Woche lang, alles anders machen als geplant. Alles zu anderen Zeiten, alles an anderen Orten, alles mit anderen Menschen, dann ginge die Gefahr vorbei.

Der Bruder meines Gesprächspartners hatte einen Flug nach Malaysia gebucht und verschob diesen, auf das dringliche Bitten seiner Großeltern hin, um eine Woche. Es war ein Flug von Amsterdam nach Kuala Lumpur. Dieses Flugzeug wurde dann am 17. Juli 2014 über der Ukraine abgeschossen. 298 Menschen starben.

Mir fällt es sehr schwer, diese Geschichte zu glauben. Da ich der Überzeugung bin, dass niemand, auch eine verstorbenen Seele nicht, in die Zukunft blicken kann. Ich habe diese Geschichte mit sehr guten Freunden diskutiert. Die Meinungen waren geteilt. Aber nach einer Diskussion waren wir uns in einem Punkt alle einig: Es war keine Vorhersage der Zukunft!

Die Seele des Katers sprach nicht von einem Flugzeugabsturz oder einem Unfall, auch nicht, welche Person betroffen sei. Die Aussage war sehr allgemein gehalten. Es war von großem Unheil, das über die Familie kommen wird, die Rede. Die angegebene Zeitspanne, in der es passieren sollte, war eine Woche. Das ist keine präzise Vorhersage. Das Einzige, was mir dazu einfällt: ???

Schutzengelhund

Die Geschichte stand irgendwann, irgendwo im Internet und wurde mir von einer Leserin meines Buches zugeschickt. Da ich den Verfasser nicht ausfindig machen konnte, habe ich die Namen geändert.

An einem stürmischen Herbsttag im Jahr 2019 wollte Frau Wenig aus R. ihre Freundin in der Nachbarschaft besuchen. Sie verließ die Wohnung und als sie auf der Straße war, hörte sie direkt hinter sich einen Hund ganz erbärmlich jaulen. Sie blieb stehen, drehte sich um, suchte den Hund, aber da war keiner.

Sekunden später gab es einen lauten Knall. Der Sturm hatte das Dach des dreistöckigen Nachbarhauses fast vollständig abgedeckt. Die Dachziegeln lagen auf dem Gehweg und auf der Straße. Wäre Frau Wenig nicht stehen geblieben, wäre sie mit absoluter Sicherheit getroffen und schwer verletzt worden.

Sie sagte: „Andere haben einen Schutzengel, ich habe einen Hund, der aus dem Jenseits über mich wacht. Es ist mein Jimmy und das glaube ich nicht nur, das weiß ich."

126

20 cm Schneefall, aber nicht überall

Stellen Sie sich vor, es schneit. Der Neuschnee bedeckt alles, die Bäume, die Hecke und den Rasen, aber an einer Stelle circa 40 x 60 cm groß und oval bleibt der Schnee nicht liegen.

Was würden Sie denken. Im Garten einer Familie im Harz gibt es so Stelle. Die Familie ist der Meinung, dass ihr vor drei Jahren verstorbener Hund Rocky damit zeigen will, dass er noch immer bei ihnen ist.

Ich habe mehrere Fotos dieser schneefreien Fläche gesehen. Es sieht tatsächlich so aus, als habe dort noch vor kurzem ein Hund gelegen. Pfotenabdrücke oder Fußspuren gibt es weit und breit nicht. Die Stelle ist an einem circa 30 cm hohen Steinwall, dahinter ist ein Beet mit abgedeckten Rosen zu sehen. Es war Rockys Lieblingsplatz. Von hier aus hatte er einen guten Blick auf die Terrasse und die Küchentür. Außerdem konnte er durch das schmiedeeiserne Gartentor das Treiben auf der Straße beobachten.

Ich kann keinen logischen Grund finden, warum gerade dieser Platz schneefrei bleibt.

Ich habe mit einem Meteorologen, den ich auf einer Gesundheitsmesse kennengelernt habe, über diese für mich unerklärlich schneefreie Stelle gesprochen und ihm auch die Fotos davon gezeigt. Er meinte, es könne sein, dass die Erde an dieser Stelle, die jahrelang von Rocky als Liegeplatz genutzt wurde, durch das körpereigene Fett des Hundefells oder durch Salze, die im Fressen waren, eine veränderte Zusammensetzung habe.

Kann sein. Aber auch drei Jahre nach dem Tod des Hundes ist die Stelle Winter für Winter immer noch schneefrei. Meiner Meinung nach müssten, das Fett und Salze längst durch den Regen rausgewaschen sein.

Hund Kerl erbt Vatterns Husten

Eine Email, die mich aus Österreich erreichte.

Mein Vater starb am 19. November 2014 überraschend mit nur sechzig Jahren und ließ mich und Muttern völlig verzweifelt zurück. Am 20. November bekam der Nachbarhund fünf Junge.

Am 21. Dezember ging Muttern rüber, um sich die Welpen anzusehen. Sie kam total aufgelöst heulend zurück. Ich konnte sie kaum beruhigen. „Vattern ist zurück." sagte sie, dann erlitt sie einen Schwächeanfall und ich musste den Notarzt rufen.

Einer der Welpen hatte gehustet und dieses Husten hörte sich genauso an wie Vatterns Husten. Vattern hat sein Leben lang gehustet und der kleine „Kerl" hustet nun auch genau wie Vattern, morgens nach dem Aufstehen und nach jedem Essen. „Kerl" ist seit drei Jahren bei uns. Muttern hat nie wieder gesagt, dass es Vattern sei, aber seit drei Jahren war sie nicht mehr in der Kirche. Sie ist inzwischen überzeugte Buddhistin.

Ich suchte Lucy und fand mich

Im Folgenden lesen Sie die Emails von Frau B. und mir.

Juli 2018

Hallo Herr Kilian!
Leider habe ich keine Geschichte zu ihrem Buch, möchte mich aber trotzdem für ihr Buch bedanken. Es kam auf Umwegen zu mir.

Unser erstes Kind hatte Fell. Vor 6 Wochen mussten wir unser Bolonka Zwetna Mädchen sehr schweren Herzens gehen lassen. Lucy war 12 Jahre alt und hatte Lymphdrüsenkrebs. Seit gut einem halben Jahr bekam sie Chemotherapie, was anfangs sehr gut gewirkt hat. In den letzten Wochen ging es ihr zusehends schlechter, sie konnte nicht mehr so weit laufen und dann kamen die Atemprobleme dazu. Zum Schluss hatte sie Wasser in der Lunge und wir folgten dem Rat der Tierärztin, ihr ein letztes Mal unsere Liebe zu beweisen und sie gehen zu lassen.

Es war mit der schlimmste Tag in unserem Leben. Wir, dass sind mein Mann und unsere Zwillinge 11 Jahre alt. Seit Lucys Tod sind wir unvollständig. Uns fehlt nichts, nur jemand.

Sie war mein Schatten und mein Ein und Alles, für die Kinder die große, kleine, haarige Schwester. Wir waren so verzweifelt, dann trafen wir eine Bekannte. Sie sagte zu uns, dass wir nicht so traurig sein sollten. Lucys Seele würde durch unsere tiefe Liebe den Weg zu uns zurück finden. Wir sollen sie nicht suchen, denn sie wird uns finden.

Ich begann darüber nachzudenken und mich damit zu beschäftigen. So fand ich ihr Buch. Ich denke viel über das Leben mit Lucy nach und mir wird so vieles klar.

Wir wollten damals schon lange einen Hund, nahmen aber erst das dritte Hundekind. Lucy ist in der Nacht vom 24.12. auf den 25.12.2005 geboren und unser schönstes Weihnachtsgeschenk seit dem. Sie ist zu uns gekommen, um uns zu helfen. Wir hatten damals einen sehr schlimmen Schicksalsschlag hinter uns. Mit Lucy kam das Lachen und die Freude zu uns zurück.

Sie war so auf mich fixiert, dass ich mir ein Leben ohne sie nicht vorstellen konnte. Ihre Liebe war rein und grenzenlos. Dann fühlte ich die dicken Lymphknoten und ich wusste sofort, dass sie sehr krank ist. In ihrer letzten Zeit hatte sie ja Atemprobleme, ich brauchte da auch ein Asthmaspray. Es war so, als wären wir zusammen krank. Ich wusste, dass es damals ihr letzter Urlaub mit uns war. Ich wusste so viel, was ich erst jetzt realisierte.

Seitdem Lucy nicht mehr da ist, ist nichts mehr wie es war. Ich wollte nie wieder einen Hund und jetzt habe ich den Kontakt zu Lucys Züchter wieder aufgenommen. Ich kann mir einen Welpen vorstellen.

Wir haben ihre Sachen hier zu Hause nicht weggeräumt. Es ist so, als würden wir warten, warten dass sie zurückkommt. Es braucht einfach noch Zeit, wir müssen alle erst heilen. Woher kommt dieser Impuls? Woher kommt dieses Gefühl, einen neuen Welpen wieder bei diesem Züchter zu holen? Manchmal ist sie bei mir. Ja, ich kann sie spüren.

Ich kenne meinen Hund so genau und auswendig, dass ich ihnen ganz genau sagen kann, was sie wann und wie getan hätte. Ich hätte nie gedacht, dass ein Hund einem so viel geben kam, so viel Liebe und so viel Sinn.

Vielleicht kommt sie wieder zu uns zurück.
Danke für ihr Buch.
Liebe Grüße

Silvana B.

Juli 2018 - meine Antwort

Hallo Frau B.
ich glaube, dass die Seele von Lucy alles versuchen wird, um zu Ihnen zurückzukommen. Viel-

leicht als Hund, vielleicht in anderer Gestalt. Sie werden sie erkennen, einfach weil Sie wissen werden, dass sie es ist. Ich freue mich jetzt schon darauf, Ihre Geschichte zu lesen. Sie haben eine wunderbare Art zu schreiben.
Mit freundlichen Grüßen

Norbert Kilian

März 2019

Hallo Herr Kilian!
Vielleicht erinnern Sie sich noch an meine Geschichte, ich hatte ihnen damals für ihr schönes und hoffnungsvolles Buch gedankt und ihnen meine Geschichte erzählt. Wir mussten im Mai letzten Jahres unser geliebtes Bolonka Zwetna Mädchen Lucy gehen lassen.
Im Juni fand ich ihr Buch und es machte mir ein wenig Hoffnung. Hoffnung, dass sich alles finden wird. Es beruhigte mich. Damals war ich noch so müde und erschöpft, vom kämpfen und vom loslassen. Das Leben ohne unsere Lucy war so anders und leer. Ich musste mein Leben neu sortieren. Irgendwann fand ich Ruhe, um innezuhalten und in mich hinein zu hören. Ich suchte Lucy und fand mich.

Ich denke, das war ihre Aufgabe hier. Mich selbst zu finden, Zeit und Ruhe zu genießen, Dinge ganz anders sehen, zu leben, zu lieben, zu lachen, zu fühlen und zu genießen. Ich habe aufgehört fernzusehen, lese lieber oder denke nach. Ich kann die Stille genießen, den Augenblick würdigen, meine Gedanken hören und so viele Sachen erschließen sich mir. Ich bin dankbar.

Trotzdem war da noch die Leere und ich wusste nicht, ob ich sie aushalten würde, also machte ich mich doch auf die Suche nach einem Hundekind. Ich fand einige Welpen, die mich sofort ansprachen, doch es waren alles Rüden und ich suchte wieder nach einer Hündin. Also sollte es nicht sein.

Noch ein letzter Versuch und da war sie ... . Ich hatte Glück, es war eine Hündin, die Züchterin war sehr nett und so machte ich sofort einen Besuchstermin aus.

Damals kam es zu einem großen Streit zwischen mir und meinem Mann. Er konnte nicht verstehen, er dachte, ich würde unsere Lucy ersetzen wollen, doch so sah ich das nicht. Unsere Lucy würde eine kleine Schwester bekommen. So sagte ich schweren Herzens den Besuchstermin ab.

Nach dem Wochenende kam mein Mann dann doch auf mich zu und bat mich, doch nochmal bei der Züchterin anzurufen. Wir könnten uns die Welpen doch mal ansehen.

Ich hatte mich in eine schwarz-weiße Hündin verguckt, doch die war nun schon weg. Die Züchterin hatte noch eine rot-braune Hündin und eine schwarze Hündin. Schwarz kam für uns nicht so in Frage, denn unsere Lucy war schwarz gewesen, also besuchten wir die rot-braune Hündin.

Es war Liebe auf den ersten Blick. Ich habe sie sofort gesehen. Sie hat uns sofort gesehen und uns sofort freudig begrüßt. So als habe sie auf uns gewartet. Das hat mich so bewegt. Natürlich haben wir sie adoptiert. Oder sie uns? Nach 14 Tagen haben wir sie dann zu uns geholt. Alle Welpen schliefen, nur sie stand schwanzwedelnd am Tor und wartete auf uns. Sie hat bei uns zu Hause nicht geweint nach ihrer Mutter oder ihren Geschwistern. Vom ersten Tag an schläft sie zwischen uns im Bett, so wie Lucy.

Sie heißt Jessie und ist wundervoll. Sie macht uns glücklich und hat uns unser Lachen zurück gebracht. Sie ist am ist am 13.07.18 geboren. An dem Tag waren wir in Wien im Stephansdom und haben alle eine Kerze für unsere Lucy angezündet und alle so sehr geweint. Ich und auch mein Mann, wir denken Jessie wurde uns von Lucy geschickt. Vielleicht wurde alles an diesem Tag entschieden. Alles findet sich. Jessie ist Lucy sehr ähnlich in manchen Dingen. Wir lieben sie sehr und sind so dankbar, wieder so ein wundervolles Wesen gefunden zu haben. Wir werden unsere Lucy nie vergessen und so wird jeden Abend eine Kerze für sie brennen. Die Liebe zu unseren Hun-

den ist einzigartig, besonders und rein. Wir können so viel von ihnen lernen.

Liebe Grüße von Silvana B.

Nachtrag vom Dezember 2020, als ich Frau B. um
das Recht zur Veröffentlichung in meinem Buch
bat.

Nach Lucy`s Tod bekam ich Zeichen, die mich
manchmal zu Tränen rührten. Mir fiel in einem
Geschäft ein Schlüsselanhänger in die Hände. Es
war ein rotes Herz mit den Namen Lucy darauf.
Und so habe ich nun dieses Herz jeden Tag an
meinem Schlüsselbund bei mir. Kurz vor Weihnachten war ich in einem Dekoladen und da viel
mir ein Christbaumanhänger in die Hände. Ein
weißes Glasherz mit der Aufschrift Engelchen.
Ich habe Lucy immer mein Engelchen genannt.
Ich habe nie nach den Sachen gesucht. Sie waren
auf einmal da, so als wollten sie mir sagen „Ich
bin noch bei Dir".

Terri geht mit

Mit Begeisterung habe ich ihr schönes Buch gelesen. Besonders faszinierend fand ich die Geschichte mit dem Kater, der plötzlich verschwunden war. Ich habe sie mehrfach hintereinander nochmal und nochmal gelesen, weil mir etwas ganz ähnliches passiert ist.

Im Jahr 2011 wurde meine Mutter dement. Ich konnte und wollte sie nicht alleine in ihrem Haus lassen. Da ich gerade frisch geschieden war, vereinbarte ich mit meinem Arbeitgeber ein Sabbatjahr und zog wieder bei ihr ein. Es dauerte nicht lange und wir hatten einen guten Tagesrhythmus gefunden. Der Morgen begann damit, dass ich als erstes mit Terri, dem Hund meiner Mutter, einen dreißigminütigen Spaziergang machte, anschließend frühstückten wir gemeinsam und aßen die frischen Brötchen, die ich vom Bäcker mitgebracht hatte. Jeden Morgen, wenn ich aufstand und ins Bad ging, hörte ich schon das aufgeregte Getrappel von Terri im Flur, der sich auf seinen Spaziergang freute.

An einem Mittwoch war von Terri nichts zu hören. Er war nicht im Flur, also suchte ich ihn, fand ihn aber nicht. Als letztes ging ich ins Schlafzimmer meiner Mutter. Sie lag ruhig in ihrem Bett, ganz ruhig, denn sie war in der Nacht gestorben.

Terri blieb verschwunden, er ist nie wieder aufgetaucht. Das Haus kann er unmöglich verlassen
haben, denn alle Türen waren verschlossen und
nur ich hatte die Schlüssel. Das war wegen der
Demenzerkrankung meiner Mutter leider erforderlich. Auch die Fenster waren so gesichert, dass
sie nur auf Kippe gestellt werden konnten. Ich
glaube, Terri hat sich dematerialisiert, um gemeinsam mit meiner Mutter in einer anderen
Welt auf einer anderen Ebene glücklich zu sein.

Georg, das Hängebauchschwein

Auf dem Hippie Festival auf Burg Herzberg, man nennt es auch Bonsai-Woodstock, lernten meine Frau und ich eine junge Frau kennen, die von ihrem Großvater schwärmte, weil er sie durch sein Anderssein geprägt habe. Er lebt in einem Eisenbahnwagon und glaubt an die Wiedergeburt von Minischweinchen. Wir fanden das sehr interessant und blieben in Kontakt. Die folgende Geschichte hat uns der Großvater zur Veröffentlichung aufgeschrieben.

Wir lebten in einem Eisenbahnwagon, den mein Vater in akribischer Arbeit als Wohnung umgebaut hatte, natürlich mit allem Komfort wie Strom, Wasser und Heizung. Wir hatten einen angebauten Wintergarten, den wir als Wohnzimmer nutzten und eine riesige Dachterrasse, auf der wir im Sommer, wenn die Nächte zu heiß waren, unter dem Sternenhimmel schliefen.

Mein Vater war Tischler, er fuhr nur Motorrad. Eine alte Zündapp mit Beiwagen, die immer so aussah, als käme sie gerade von einer Wüstenexpedition zurück. Nichts, gar nichts war in unserer Familie normal. Als Kind war mir das manchmal peinlich. Heute bin ich stolz auf alle Erfahrungen, die ich durch unser Anderssein machen durfte.

Unser Eisenbahnwagon stand auf dem Bauernhof meiner Großmutter. Opa hatte den Krieg leider nicht überlebt. Oma bezog zwar eine kleine Rente, aber das Geld reichte kaum zum Leben. Der Bauernhof wurde früher als Nebenerwerb und zur Selbstversorgung betrieben. Er war alt und klein. Oma hielt Hühner und Gänse und verkaufte die Eier und zu Weihnachten die Gänse. Der ganze Hof war deshalb eingezäunt und überall lief das Geflügel herum.

Als ich zehn Jahre alt war, wollte ich unbedingt einen Hund, aber das ging wegen der Hühner und Gänse nicht. Weil Hunde laut meinen Eltern sowieso langweilig, spießig und kleinbürgerlich sind, bekam ich ein Hängebauchschwein. Ein niedliches, grunzendes, faltiges, kleines Schweinchen mit viel zu kurzen Beinen. Ich war der Star unter den Kindern, denn mit Georg konnte ich angeben. Es reichte schon aus, mit ihm an der Leine spazieren zu gehen. Den Namen hat ihm mein Vater gegeben. Man mag es kaum sagen, aber unser damaliger Bürgermeister hieß Georg und mein Vater meinte, dass die beiden viele Gemeinsamkeiten hätten.

Mir war das alles egal, ich hatte das auffälligste, anhänglichste und intelligenteste Tier, das ich mir vorstellen konnte. Damals wurde ich zum Schweinchenfan und bin es geblieben. So kommt es, dass ich seit meinem zehnten Lebensjahr durchgängig immer ein oder zeitweise sogar zwei Schweinchen besessen habe. Ich bin jetzt über siebzig und selbstverständlich habe ich noch immer ein Minischwein. Aber dieses ist anders, ganz anders. Als ich es das erste Mal in die Hände nahm, wusste ich, dass es Georg ist. Georg hat mich begleitet, als ich vom Kind zum Erwachsenen wurde. Georg wird mich bis zu meinem allerletzten Tag begleiten. Das weiß ich und noch etwas weiß ich. Es gibt einen Himmel und in diesem Himmel gibt es Minischweine. Beweise habe ich keine, ich weiß es und das genügt mir.

Katze Fly

Eine Leserin hat mir am Telefon ihre Geschichte von einer wiedergeborenen Katze erzählt.

Als junge Frau war sie eine Zeit lang beruflich in Südafrika tätig. Eines Tages sah sie, wie ein paar Jugendliche eine Katze in einen Sack steckten und diesen zwischen sich hin und her warfen. Sie hat den Jugendlichen die Katze abgekauft und mit nach Hause genommen. Sie gab ihr den Namen Fly. Als sie nach Deutschland zurückkehrte, überließ sie Fly ihrer Freundin und Arbeitskollegin. Weiterhin berichtet die Frau, dass sie den Kontakt mit ihrer Freundin nie abreißen ließ und somit auch immer wusste, wie es Fly erging.

In Deutschland ging das Leben der Frau ungewöhnlich und turbulent weiter. Als begeisterte Reiterin träumte sie immer von einem eigenen Reitstall. Dieser Wunsch ist aber nie in Erfüllung gegangen. Als sie jedoch in Rente ging, verkauften sie und ihr Mann das Haus in Hamburg und nach einigem Suchen fanden sie einen schön restaurierten Resthof im Münsterland, den sie kauften. Hier erfüllte sich dann der Traum vom naturnahem Leben mit zwei Pferden, Ziegen, Hühnern und Gänsen. Nun zitiere ich wörtlich aus dem Gespräch:

Das erste Tier, das auf den Hof kam, war eine junge Katze. Sie stand eines Morgens in der Küche und sagte: „Danke, dass du mich damals gerettet hast." Sie hat es klar und deutlich gesagt. Ich habe es gehört, nicht in meinem Kopf, nicht in meinen Gedanken, nicht in meinen Wünschen. Ich habe es mit meinen Ohren gehört, Wort für Wort. Diese Katze hat nur dieses eine Mal zu mir gesprochen. Aber dieses eine Mal genügt mir, um zu wissen, dass jede Seele unsterblich ist und dass die Welt tausend milliardenfach komplizierter ist, als wir uns das vorstellen können.

Weiterhin berichtet die Frau, dass sie immer wenn sie kurz vor dem Einschlafen ist und Fly direkt an ihrem Kopf liegt, Bilder aus Südafrika sieht. Landschaften und Orte, die sie selbst kennt, aber auch Gegenden, die sie noch nie gesehen hat. Einmal sah sie ein Bild ihrer südafrikanischen Freundin, sie trug einen riesigen hellblauen Hut mit einem großen bunten Papierelefanten oben drauf. Tags darauf rief sie ihre Freundin an und fragte, ob sie solch einen Hut besitzt. Ja, die Freundin hatte so einen Hut einmal bei einer Feier aufgehabt und hatte anschließend zuhause mit dem Hut ihre Kinder, den Mann und die Katze erschreckt. Tja, was soll man dazu sagen?

Ich habe die Frau gefragt, was das Erlebnis mit Fly für sie bedeutet und sie sagt: „Wenn Fly wiedergeboren wurde, wird jeder wiedergeboren. Ich hoffe nur, dass es noch andere Welten gibt und ich wünsche mir, dass ich mir in meinem nächsten Leben aussuchen kann, in welche Welt ich komme."

Eine Email zu der Geschichte aus Band 1 „Aus Alanka wurde Arko"

Wenn mir jemand die Geschichte von Alanka, die zu Arko wurde, erzählt hätte, hätte ich nicht ein Wort davon geglaubt. Ich bin der Nachbar von Familie Sch. und war damals an der Suche nach dem neuen Hund beteiligt. Mit eigenen Augen sah ich Arko vor dem alten Wohnhaus stehen.

Das Leben geht weiter, immer und immer. Das ist mir inzwischen klar.

Geisterhunde in Großbritannien

In dem Onlinemagazin mydog365 steht ein Artikel über Geisterhunde in Großbritannien.

Es gibt unter anderem eine Liste mit neunzehn Namen von standorttreuen Geisterhunden. Von einigen Hunden heißt es, dass sie die Seele von Menschen hätten, die entweder zu Lebzeiten besonders grausam waren oder zu Unrecht hingerichtet wurden. Wie sich solch ein Geisterhund verhält, hängt davon ab, wie er sein Leben erlebte. Einige sind Schutzgeister, andere Todesboten. Zusätzlich zu den namentlich bekannten kommt eine extrem hohe Zahl an ganz persönlichen Geisterhunden. Es handelt sich dabei um verstorbene Hunde, deren Seele weiterhin bei ihrer Familie lebt.

Anfang November 2020 erschien mein Buch „Sie kommen zurück" in englischer Sprache. Gut zwei Monate später hatten mir bereits drei Familien geschrieben und mitgeteilt, dass sie mit der Seele ihres verstorbenen Hundes zusammenleben.

Auf dem Tierfriedhof

In der Nähe von Karlshamn in Schweden gibt es mitten im Wald an einem See eine unglaublich schöne Sauna, die von einem privaten Verein betrieben wird. Jeder darf sie benutzen. Im September 2016 waren meine Frau und ich in dieser Sauna, ebenfalls ein schwedisches Ehepaar. Wir kamen ins Gespräch und ich erzählte von unserem Hund und davon, dass ich ein Buch über wiedergeborene Tiere geschrieben habe. Die beiden sahen sich an, nickten einander zu und dann begann Herr Jansson zu erzählen.

Im Sommer 2010 kam er mit seinem Auto vom Einkaufen als plötzlich ein Dalmatiner vor ihm auf der Straße stand. Er machte eine Vollbremsung und stieg mit klopfendem Herzen aus, weil er glaubte, den Hund angefahren zu haben, aber da war kein Hund. Also stieg er wieder ein und fuhr langsam weiter. Nur wenige Meter weiter war ein Parkplatz. Als er an der Einfahrt vorbei fuhr, sah er den Hund auf dem leeren Parkplatz sitzen. Er setzte zurück, fuhr auf den Parkplatz, stieg aus und ging in Richtung des Hundes. Der Hund wich zögerlich zurück, Herr Jansson sprach mit ihm und folgte ihm auf einen Tierfriedhof. Dass dort ein Tierfriedhof war, wusste Herr Jansson bis zu diesem Zeitpunkt nicht.

Als er hörte, dass ein weiteres Auto auf den Parkplatz fuhr, drehte er sich kurz um und sah eine Frau aus ihrem Wagen steigen. Herr Jansson hatte sich überlegt, den Hund einzufangen und der Polizei zu übergeben. In Schweden dürfen Hunde nicht ohne Leine in der Natur unterwegs sein. Außerdem war der Hund ja bereits auf die Straße gelaufen. Also folgte er dem Hund in einem Abstand von nur wenigen Metern. Dieser ging zu einem Grab und war augenblicklich verschwunden.

Herr Jansson blieb wie angewurzelt stehen. Der Hund war weg, schon wieder. Aber wo war er diesmal? „Was machen Sie am Grab meines Hundes?" sagte plötzlich eine Frauenstimme zu ihm. Als Herr Jansson sich umdrehte, erkannte er die Frau vom Parkplatz, die jetzt direkt hinter ihm stand. „Der Hund ist plötzlich verschwunden." sagte Herr Jansson. „Was für ein Hund?" fragte die Frau. „Ein schöner großer Dalmatiner mit einem breiten roten Halsband."

„Nun erzähle ich mal, wie dieser Tag für mich lief." sagte Frau Jansson bei uns in der Sauna. „Ich hatte eine schlaflose Nacht hinter mir, am Vortag war mein Sohn zuhause ausgezogen, um in Stockholm seine Ausbildung als Koch zu beginnen. Nun war ich das erste Mal seit über drei-

ßig Jahren ganz alleine. Am Frühstückstisch ver-
dünnte ich meinen Kaffee mit Tränen." sagte sie.
„Es ging mir so elend, wie noch nie. Ich fühlte
mich so einsam und ich wollte irgendwohin, um
zu trauern, wusste aber nicht so recht wohin.
Mein Mann ist in Kiruna beigesetzt, also über
tausend Kilometer entfernt. Irgendwie blieb mir
nur das Grab von Nila, meiner Dalmatinerhün-
din, die vor zwei Jahren verstorben war. Und als
ich dort ankam, ging ein Mann, den ich noch nie
gesehen hatte, zu Nilas Grab und blieb dort stehen. Als ich ihn fragte, was er dort macht, be-
hauptete er, meine Nila mit ihrem roten Halsband
gesehen zu haben."

„Zwei Jahre sind wir jetzt miteinander verheira-
tet," sagte Herr Jansson „es war eine Partnerver-
mittlung direkt aus dem Himmel."

Ich sah die Seele meines Hundes

Diese Geschichte hat mir ein Physiotherapeut während meiner Behandlung erzählt. Ich habe sie aufgeschrieben, das nächste Mal mitgenommen und ihn gebeten, sie veröffentlichen zu dürfen.

Vor acht Jahren hat sich mein Leben verändert, weil ich gelernt habe zu sehen. Ich war nicht blind, ich konnte gucken, habe aber nichts gesehen. Unsere Welt ist voller Menschen, die überall hinfahren, sich alles angucken, aber nichts sehen. Ich war auch so einer.

Damals besuchte ich in New York eine Fotoausstellung mit dem Titel „Afrikanische Tierwelt". Ich glaube, es waren Fotos von Art Wolfe. Die 120 Bilder waren alle zwei mal zwei Meter groß und von exzellenter Qualität. Manche Bilder betrachtete ich nur kurz, andere lange und intensiv. Als ich am Ausgang ankam, hing dort das Foto einer alten roten englischen Telefonzelle ebenfalls zwei mal zwei Meter groß. Darunter stand geschrieben: „Ist Ihnen diese Telefonzelle aufgefallen?"

In der Mitte des Bildes war ein kleines Foto, es zeigte eine Herde Elefanten an einem Wasserloch und zwischen den Elefanten die rote Telefonzelle. Das Bild kannte ich. Ich konnte mich sehr gut daran erinnern, weil ich es länger betrachtet hatte. „Da war keine Telefonzelle, die hätte ich doch gesehen!" glaubte ich. Ich ging zurück, weil ich wissen wollte, was es mit dieser Telefonzelle auf sich hat. Und tatsächlich, fast in der Bildmitte genau in Augenhöhe stand eine rote Telefonzelle mitten zwischen den Elefanten. Sie war fast dreißig Zentimeter groß. Es war mir unerklärlich, wieso ich sie nicht gesehen habe.

Mein Interesse war geweckt und ich verfolgte das Thema weiter. Bei YouTube fand ich ein drei Minuten langes Video mit einem Handballspiel. Der Betrachter des Videos wurde aufgefordert, zu zählen, wie oft die eine Mannschaft den Ball hat. Dass während des Spiels zwanzig Sekunden lang ein als Gorilla verkleideter Mann auf dem Spielfeld herumläuft und direkt vor der Kamera formatfüllend Grimassen schneidet, hatte ich nicht bemerkt.

Damals fragte ich mich, was ich sonst noch alles nicht sehe.

Als mein Hund Jahre später überfahren wurde, veränderte das mein Leben. In dem Moment wusste ich, dass er eine Seele hat. Ich konnte sie sehen. Sie stand einige Sekunden leuchtend weiß neben dem toten Körper meines Hundes. Sie sah genauso aus wie mein Hund, nur völlig weiß. Dann kam sie zu mir gelaufen und verschwand, als sie vor mir stand.

Ich sah die Seele meines Hundes. Ich konnte sie sehen, weil ich zu diesem Zeitpunkt wusste, dass es Dinge gibt, die man sehen kann, aber nicht sehen wird, weil man nicht glaubt, dass es Dinge gibt, die man nicht sehen kann, obwohl sie existieren.

Gemeinsam auf die letzte Reise

Lieber Herr Kilian, inzwischen mache ich seit 25 Jahren Sterbebegleitung aus tiefster Überzeugung. Ich glaube an die Unsterblichkeit aller Seelen und ich weiß, dass der Tod nur der Beginn von etwas Neuem noch Schönerem ist.

Manchmal geschehen seltsame Dinge, wenn ein Mensch seinen letzten Atemzug macht. Oftmals bleibt eine Uhr stehen, meistens die Armbanduhr. Ich habe aber auch schon erlebt, dass ein Bild von der Wand gefallen ist, dass das Licht kurz ausging oder dass sich eine Tür öffnete.

Einmal war ich bei einer 101jährigen Frau, die schon seit mehreren Jahren völlig vereinsamt in einem Pflegeheim lebte. Sie erzählte mir viel von sich und war sehr dankbar für ihr langes Leben. Im Heim hatte sie keine Kontakte. Sie saß in ihrem Zimmer, wo sie auch ihr Essen zu sich nahm und die einzige Gesellschaft war ihr Wellensittich Hansi, der von morgens bis abends zwitscherte. Als die alte Dame ihren letzten Atemzug nahm, verstummte auch der Wellensittich. Er ist genau zeitgleich mit ihr gestorben.

Ich glaube, die beiden Seelen haben gemeinsam ihre letzte große Reise angetreten.

Opa und die seltsamen Dinge

Bei einer Diskussion im Internet schreibt ein junger Mann über seinen Opa, dass dieser sich sein ganzes Leben lang nur mit seltsamen Dingen beschäftigt hat. Er schreibt:

Opa weiß immer mehr als andere. Er kann alles erklären und sagt: „Du musst dorthin sehen, wohin niemand hinsieht. Du musst dorthin hören, wo niemand hinhört. Dann weißt du Dinge, die noch niemand gesehen hat und du hast Dinge gehört, die vor dir noch niemand gehört hat. Du musst mit den Dingen reden. Du musst mit Seelen sprechen, auch wenn Du sie nicht sehen kannst. Du musst Antworten in dir selbst suchen und deiner Intuition vertrauen."

Ein ganz besonderes Verhältnis hat Opa zu Tieren. Er spricht mit ihnen, aber ohne zu reden. Vögel kommen zu ihm geflogen, oftmals Raben. Sie setzen sich zwei Meter entfernt hin und sehen ihn an. Es sind keine gezähmten Raben, denn egal wo Opa ist, im Urlaub oder sonst wo, immer sind Vögel in seiner Nähe. Opa füttert die Vögel nicht. Sie kommen zu ihm, weil er ihnen zuhört und mit ihnen spricht.

Mein eigenes Erlebnis

Als unsere Kita, eine Akita Inu Hündin, vierzehneinhalb Jahre alt war, mussten wir sie gehen lassen. Es war ein ganz schwerer Weg für mich. Ich weiß, dass die Seele unsterblich ist und ich weiß, dass ich Kitas Seele wiedertreffen werde. Wir sind in einer anderen Welt miteinander verabredet. Sie wird da sein, ich weiß es.

Im November 2017 haben meine Frau und ich einen vierwöchigen Urlaub auf Teneriffa verbracht. Drei Monate vorher hatten wir unser Haus verkauft und ein komplett neues Leben begonnen. Entsprechend gut fühlten wir uns. Unser Apartment war echt Mist, aber es lag genau gegenüber von einem Surfstrand. Früher sind wir selbst begeistert gesurft. Nun saßen wir oft stundenlang am Strand und sahen den Surfern zu.

Als die Wellenbedingungen ideal waren, haben wir uns Surfboards geliehen, um ein bisschen die Wellen zu reiten. Das ging ein paar Tage richtig gut. Dann kam stürmisches Wetter und somit höhere Wellen. Die Tage vorher hatten wir Wellenhöhen von 1 - 1,20 m. Nun lag die Wellenhöhe bei gut 2,50 m und teilweise deutlich darüber. Kurz vorher war ich 60 Jahre alt geworden und ich fühlte mich topfit. Also ging ich auch bei dieser Wetterlage surfen. Ich hätte es nicht tun sollen.

Eine Welle schleuderte mich auf das Riff, eine andere spülte mich dann an den Strand. Ich konnte kaum aufstehen. Ich humpelte ins Hotel zurück, das ja nur hundert Meter entfernt war und ging sofort ins Bett. Der Tag war gelaufen.

In der Nacht fingen die Schmerzen richtig an. Ich konnte nicht mehr aufstehen. Jeder Atemzug tat höllisch weh. Schlafen konnte ich natürlich auch nicht und so lag ich wach im Bett und starrte die Decke an. Ich hatte Angst, dass ich mir einen Wirbel gebrochen habe. Plötzlich war etwas anders. Ich weiß nicht was, aber irgendwas hatte sich im Zimmer verändert. Ich drehte den Kopf zur Seite und da stand meine Kita plötzlich vor mir. Es war nicht der alte Hund, den ich ein Jahr zuvor einschläfern ließ.

Es war meine Kita, so wie sie in jungen Jahren war, straff, kraftvoll und energiegeladen. Sie war da, nicht schemenhaft, sondern real. So real, wie der Schreibtisch, an dem ich jetzt sitze, so real wie der Bleistift, mit dem ich diese Zeilen schreibe. Das kann man nicht glauben und schon gar nicht erklären. So etwas ist ein Geschenk von unschätzbarem Wert. Während ich sie ansah, verschwand sie langsam und mit ihr ein Großteil meiner Schmerzen.

Am nächsten Tag wurden im Krankenhaus drei geprellte Rippen und vier verschobene Wirbel diagnostiziert. In der darauffolgenden Nacht hatte ich trotz Schmerzmittel starke Schmerzen. Ich hoffte, dass Kita noch einmal zu mir kommt, aber das geschah nicht.

Die letzte Geschichte

Am Ende eines Buches steht meistens der Epilog oder eine Danksagung, in diesem Buch nicht. Ich habe mich entschieden, eine ganz andere Story am Schluss zu bringen. Sie ist gemessen an den anderen Geschichten in diesem Buch überhaupt nicht spektakulär, keine Wiedergeburt, keine eindeutigen Zeichen aus dem Jenseits, nichts von alledem. Dieses Buch ist ein Sachbuch, es soll informieren. In meinen Augen hat es aber noch eine viel größere Aufgabe. Es soll Hoffnung all jenen schenken, die ein geliebtes Tier verloren haben und dafür ist die nun folgende Geschichte prädestiniert.

Lotte war eine glückliche Hündin, sie liebte und wurde geliebt. Leider erkrankte sie an Krebs. Ihre menschliche Partnerin Frau Mielke nahm Kontakt zu mir auf, da sie mein Buch über Krebsbehandlung bei Hunden gelesen hatte. Gemeinsam versuchten wir Lotte zu helfen, was uns auch mehrere Jahre gelang. Aber alles hat mal ein Ende, so auch das Leben von Lotte.

Ein Jahr nach Lottes Tod schrieb ich Frau Mielke an, mit der Bitte, Lottes Geschichte in diesem Buch veröffentlichen zu dürfen. Hier ihre Antwort in etwas gekürzter Form.

Es freut mich sehr, dass Sie meine Geschichte in Ihr neues Buch mit aufnehmen möchten. Ich würde mich freuen, wenn Sie unsere Namen nicht abändern würden. Es ist nun mal Lottes und meine Geschichte, sie soll ihren Namen behalten. Das fänd' ich schön.

Es war für mich kein einfacher Weg und ich stand zuerst vor einem Abgrund. Die Lotte war/ist die Liebe meines Lebens. Ich hoffe sehr, dass ich vielen Menschen etwas Mut geben kann mit dieser Geschichte. Denn wenn ich eins daraus gelernt habe, dann, dass mein Hund da war, um mir meinen Weg zu zeigen. Sie hat es sich so ausgesucht. Ich hätte nichts daran ändern können. Und wenn ich nicht hingesehen und im Rückblick gelernt hätte, wäre alles vergeblich gewesen. Ich bin ihr unendlich dankbar dafür.

Es ist jetzt über ein Jahr vergangen und ich habe einen unglaublichen Weg hinter mir. Ich kann es manchmal gar nicht glauben. Und dieser Weg war nur durch meine Lotte möglich. Und so schwer es anfangs auch war, dass anzunehmen, so weiß ich jetzt, dass all das ohne Lottes Tod nicht passiert wäre. Und ich musste mir auch irgendwann eingestehen, dass Lotte sterben "musste", damit all das passiert. Es war wohl ihre Aufgabe hier in diesem Leben und ihr Geschenk für mich. Herr Kilian, ich hätte sie gar nicht retten können, denn sonst wäre nichts von all dem pas-

158

siert. Es ist nicht einfach gewesen, das so zu sehen und ich habe es auch erst im Rückblick verstanden.

Ich habe im Grunde mein ganzes Leben hinterfragt, vieles verändert, viel gelernt und extrem viel an mir selber gearbeitet. Es ist so ein unglaubliches Geschenk, was mir mein Hund gegeben hat. Ohne sie und ihr Verlassen aus diesem stofflichen Leben hätte ich nichts gelernt.

Es hat damit zu tun, dass Hunde in Resonanz mit ihrem Menschen leben, ihn spiegeln und leider auch Krankheiten für ihn bekommen, um aufmerksam zu machen. Das war das Schwerste für mich zu akzeptieren … Ich musste lernen, dass ich an MIR arbeiten muss, sonst würde jeder weitere Hund, den ich zu mir nehme sehr wahrscheinlich wieder erkranken und sehr wahrscheinlich auch wieder an Krebs (mein voriger Irish Wolfhound hatte ja auch Knochenkrebs, das ist ja kein Zufall!!!). Jede Krankheit spiegelt ja bestimmte Themen wieder, wie ich jetzt weiß.

War nicht einfach, herauszufinden, was das Thema genau bei mir war, was ich bearbeiten musste. Habe es aber geschafft.

Es hat mit dem Gesetz der Anziehung zu tun, mit Loslassen von Dingen aus der Vergangenheit, die einem nicht gut tun, mit falschen Glaubensmustern und Denkmustern, die einen unbewusst blo-

159

ckieren und mit dem Wissen, dass man sein Leben komplett selber in der Hand hat und bestimmen kann. Jede einzelne Sekunde. Und das ist das größte Geschenk für mich: zu wissen, dass ich alles selber in der Hand habe. Der Kreis hat sich geschlossen und somit alle Fragen, die ich je hatte in Bezug auf Leben und Tod und den Sinn...

Ich kann es manchmal wirklich selber nicht glauben, aber es hat sich wirklich alles, was ich mir für mein Leben immer gewünscht habe, nach und nach erfüllt. Ich "arbeite" auch jetzt noch jeden Tag daran, an meinen Wünschen, habe bestimmte Rituale in meinen Alltag integriert. Mal gelingt es mir besser, mal weniger, aber es funktioniert.

Alles kommt zu mir... Mal schneller, mal langsamer, aber immer zur richtigen Zeit. Faszinierend. Ohne meine Lotte wäre all das nicht passiert.

Nachdem ich Ihr Buch „Sie kommen zurück" gelesen hatte, habe ich gehofft, dass Lotte zu mir in dieser Ebene/Welt zurückkommen wird. Deshalb habe ich Kontakt zu Tierkommunikatoren aufgenommen. Ich musste eine Weile suchen, bis ich jemanden fand, den ich für vertrauenswürdig hielt. Es ist mir gelungen.

Die Tierkommunikatorin wollte gerne ein Foto von Lotte haben und ich sollte ihr ca. drei Fragen aufschreiben, die ich an Lotte habe. Ansonsten wollte sie nur wissen, wann sie verstorben ist und wie viele andere Personen und Tiere noch mit Lotte zusammen in einem Haushalt gelebt haben.

Ich hatte eine spezielle Frage, die mir sehr am Herzen lag. Ich wollte wissen, ob Lotte vor hat, zu inkarnieren, zurückzukommen. Das war meine große Hoffnung. Ich hab anfangs so fest daran geglaubt, dass ich auch wissen wollte, wie ihr ein bestimmter Name gefallen würde, den ich für sie ausgesucht hatte. Ansonsten hab ich der Tierkommunikatorin gesagt, sie möchte bitte Lotte einfach sagen, dass sie erzählen soll, was sie mir gerne mitteilen möchte und wie es ihr geht.

Für mich war es so unglaublich faszinierend, ist es immer noch. Die Tierkommunikatorin wusste ja gar nichts über uns, über Lotte und auch nichts über ihre Krankheit. Als ich ihr Protokoll das erste Mal gelesen habe, wusste ich sofort, dass sie wirklich mit Lotte "gesprochen" hat. Ich habe meinen wundervollen Hund sofort erkannt. Und sie hat es zusätzlich auch noch verstanden, das Gespräch in Worte zu packen, die zu ihr passen. Unglaublich! Genau so war meine Lotte.

Was mich besonders berührt hat, war Lottes Aussage, dass "wir uns schon immer verstanden haben, abseits von Worten". Ich habe selber immer gesagt, wenn mich jemand fragte, wie ich diese besondere Beziehung zu Lotte beschreiben würde: Lotte und ich haben uns nur in die Augen gesehen und haben uns verstanden. Da waren keine Worte nötig. Das hat mich schon sehr, sehr berührt und ich muss auch jetzt noch weinen, wenn ich daran zurück denke.

Ich habe die Tierkommunikatorin gebeten, Lotte zu fragen, ob sie zu mir zurückkommen möchte.

Ihre Antwort hat mich sehr, sehr berührt: "Ich bin doch gar nicht weg" hat sie gesagt. Und genau so ist es. Wir müssen nur wieder lernen, hinzuhören und all die kleinen Anzeichen wahrzunehmen, die sie uns schicken, um uns wissen zu lassen, dass sie immer da sind.

Auch das habe ich gelernt und mich inzwischen damit angefreundet. Ich bin mir aber trotzdem sicher, dass wir noch einige Leben zusammen haben werden. Irgendwann.

Zu meiner Lotte habe ich Kontakt. Auch das durfte ich lernen. Auch durch die Tierkommunikatorin, die mir anfangs eine Meditation geschickt hatte, mit der ich zu Lotte leichter Kontakt aufnehmen kann. Es ist eine Übungssache, weil wir verlernt haben auf diese Art von Kommunikation zu achten. Ich spüre sie an manchen Tagen ganz stark. Ich weiß, dass sie da und immer bei mir ist. Und ich weiß, dass sie mich lenkt und mir geholfen hat und hilft, den Weg zu finden.

Ich gehe jede Nacht runter zu uns an den Teich. Dort habe ich zum Schluss immer mit Lotte gesessen, als sie nicht mehr so gut laufen konnte. Sie liebte es, sich dort ins Wasser zu legen. Nachts liegt so eine tolle Stille über allem und es sind keine anderen Menschen unterwegs. Ich visualisiere dort und bedanke mich für all die Geschenke, die ich jeden Tag erhalte. Und manchmal ist die Lotte da. Das merke ich dann sofort. Es ist ein ganz starkes Gefühl und ich spüre ihre Anwesenheit. Meistens muss ich dann weinen. Aber mehr aus Dankbarkeit und Freude.

Und ich hatte es auch schon ganz oft, dass ich irgendwo saß, gearbeitet habe und plötzlich eine ganz leichte Berührung am Bein gespürt habe. Ich dachte dann erst, dass es eine meiner Hunde war. Drehte mich um und sah aber, dass beide in ihren Körben lagen und schliefen. Da wusste ich, dass es Lotte war. Das hat sie auch zu Lebzeiten oft gemacht. Sie ist gekommen und hat mir mit ihrer Nase ans Bein gestupst. Jetzt wundere ich mich nicht mehr darüber, sondern lächle und sage zu ihr, dass es schön ist, dass sie da ist. Ist doch toll, oder?!

Seit Mitte April habe ich wieder ein Deerhound-Mädchen bei mir. Sie heißt Elise. Bei dem Namen bin ich dann doch geblieben. Sie ist wundervoll und toll und ich freu mich so, dass ich sie habe. Meine beiden Whippets lieben die Kleine auch.

Ich bin ruhig und habe alles in Lottes Hand ge-legt. Ich habe losgelassen und nicht mehr auf "Biegen und Brechen" gehofft, dass Lotte zurück-kommt. Ich wusste, ich bekomme den Hund, den ich bekommen soll. Und so war es auch bei Elise.

Elise ist Elise... Manchmal gucke ich trotzdem, ob ich irgendwas von Lotte in ihr sehe. Aber das dann mehr mit einem Augenzwinkern. Weil es ist okay so wie es ist. Lotte ist so oder so da.

Wie geht es bei mir schriftstellerisch weiter?

Ehrlich gesagt, ich weiß es nicht. Als ich im Frühjahr 2014 mein Buch „Krebs bei Hunden erfolgreich behandeln!" veröffentlichte, hätte ich nicht gedacht, dass ich ein Jahr später ein Buch über die Wiedergeburt von Haustieren schreibe.

In dem oben erwähnten Buch, schrieb ich, dass ich glaubte, dass einer meiner Hunde die Wiedergeburt meines vorherigen Hundes sei. Daraufhin schickten mir Menschen ihre Erlebnisse, die ich dann in dem Buch „Sie kommen zurück" publizierte. Es waren nicht genug und so ging ich im Internet auf die Suche nach schönen glaubwürdigen Geschichten von wiedergeborenen Haustieren.

Durch meine Bücher und meine Aktivitäten habe ich inzwischen so viele Geschichten, dass ich problemlos noch zwei weitere Bücher veröffentlichen könnte. Ich werde es aber nicht machen, denn die Geschehnisse wiederholen sich meistens. Das ist dann zwar ganz nett zu lesen, aber nicht wirklich interessant. Ich möchte aber interessante Bücher schreiben, keine Wiederholungen.

Die Themen Wiedergeburt, Seelenwanderung, Nahtoderfahrung, Nachtodkontakt und Jenseits faszinieren mich. Irgendwann, und davon bin ich überzeugt, wird mir irgendwer eine so interessante Geschichte erzählen, dass ich daraus ein Buch machen werde, auf das ich stolz sein kann. Ich weiß heute nicht, um was es in diesem Buch gehen wird. Ich weiß nicht, wann es erscheinen wird, aber ich weiß, dass ich es eines Tages schreiben werde.

Wenn Sie, liebe Leser, auch eine Erfahrung mit Seelenwanderung oder Wiedergeburt gemacht haben, egal ob Mensch oder Tier, würde mich Ihre Geschichte brennend interessieren. Wenn Ihnen etwas Unerklärliches passiert ist, sei es mit Geistern, Außerirdischen oder etwas völlig anderem, von dem noch nie jemand etwas gehört hat, kontaktieren Sie mich. In mir finden Sie einen offenen ehrlichen Ansprechpartner. Ich gehe sehr vorsichtig mit den mir anvertrauten Geschichten um. Natürlich veröffentliche ich nur, wenn ich eine Genehmigung dafür habe.

Also, wenn Sie, liebe Leser, etwas erlebt haben, das mich interessieren könnte, sollten wir uns einfach einmal unverbindlich unterhalten.

Meine Email: n.kilian@freenet.de

Eine Bitte

Liebe Leserin, lieber Leser!

Wenn Ihnen mein Buch gefallen hat, helfen Sie mir und anderen Lesern durch eine ehrliche Rezension. Empfehlen Sie es bitte Ihren Freunden oder bei Facebook und anderen Onlineportalen und helfen Sie, das Buch bekannt zu machen.

Ich bin davon überzeugt, dass nach der Lektüre dieses Buches viele ihr Haustier und auch alle anderen Tiere in einem ganz anderen Licht sehen werden.

Genau wie der Mensch hat jedes Tier das Recht, in Freiheit und Frieden zu leben. Lassen Sie uns gemeinsam eine bessere Welt für Mensch und Tier schaffen.

Norbert Kilian
(Vegetarier seit 2006)

Weitere Bücher von mir

Krebs? Nur noch als Sternzeichen!" (2010)

Als ich mit 49 Jahren die Diagnose Krebs bekam, hatte ich bereits eine erfolglose zweijährige Arzt- und Heilpraktikerodyssee hinter mir. Ich lehnte die dringend angeratene Operation sowie jede weitere schulmedizinische Behandlung nach leidvollen Erfahrungen mit meinen an Krebs verstorbenen Eltern ab. Ich zog mich rigoros aus meinem damaligen Leben zurück, legte alle sozialen Kontakte auf Eis, hörte auf zu arbeiten und begann im Internet sowie in Fach- und Sachbücher nach einer wirksamen Behandlungsmethode zu suchen.

Das Thema Krebs ist sehr vielfältig und interessant, es machte mir Spaß in Sach- und Fachbüchern zu lesen, zu recherchieren und mir eine eigene Meinung zu bilden. Es reizte mich, eine Theorie nachzuvollziehen, Argumente dafür, Argumente dagegen zu lesen. Ich fand es wahnsinnig spannend, Schlussfolgerungen zu ziehen und diese anschließend zu überprüfen. Es faszinierte mich so sehr, dass ich zeitweise völlig vergaß, dass ich selbst betroffen war. Ich stellte jede Aussage in Frage, nahm nichts als gegeben und stellte eigene Versuche an. Aufgrund meiner Erkenntnisse führte ich eine erfolgreiche Selbstbehandlung durch und bin heute krebsfrei. Somit habe ich an mir selbst bewiesen, dass Krebs geheilt werden kann.

In diesem Buch erzähle ich meine Geschichte und gebe mein Wissen weiter, damit andere davon profitieren.

Viele Krebspatienten werden ihre eigenen Gedanken und Gefühle wiederfinden. Es ist mir gelungen ein informatives, ehrliches, flott zu lesendes, Mut machendes Buch zu schreiben.

2020 habe ich das Buch aktualisiert.

„Krebs? Die Kilian Methode!" (2012)

In diesem Buch wird Ihnen Schritt für Schritt gezeigt, wie Sie mit einfachen Tricks, die problemlos in den Alltag integriert werden können, in Ihrem Kopf und Ihrem Körper eine Atmosphäre der Heilung erzeugen. Weiterhin erfahren Sie, wie Sie durch eine Ernährungsoptimierung das erforderliche Fundament für Ihre Genesung schaffen.

„Krebs bei Hunden erfolgreich behandeln"
(2014)

Aufgrund meiner Bücher, meiner Internetseite und meiner Selbsthilfegruppe haben sich im Laufe der Jahre auch etliche Hundehalter krebskranker Hunde hilfesuchend an mich gewandt.

Gemeinsam mit betroffenen Hundehaltern, Freunden und Mitgliedern meiner Internetselbsthilfegruppe führte ich die vermutlich weltweit größte Rechercheaktion zum Thema Behandlung krebskranker Hunde durch. Das Ergebnis war überraschend. Über achtzig Prozent aller gefundenen erfolgreichen Krebsbehandlungen gingen auf nur drei Behandlungsmethoden/Mittel zurück. In diesem Buch erfahren Sie, wie Sie Ihrem krebskranken Hund selbst helfen können.

„Sie kommen zurück" (2016)

In meinem Buch „Krebs bei Hunden erfolgreich behandeln" schreibe ich, dass ich an die Wiedergeburt und Seelenwanderung bei allen Lebewesen glaube. Aufgrund dieser Äußerung erhielt ich im Laufe der Zeit mehrere Zuschriften von Lesern, die ihre Erfahrungen mit wiedergeborenen Haustieren schilderten. Ich verfolgte dieses Thema mit Freude und gesundem Menschenverstand weiter und fand Geschichten und Erfahrungsberichte im Internet, in Zeitschriften, Büchern und Zeitungen. Aus dieser Suche entstand dieses Buch.

„Pflichtlektüre bei Brustkrebs" (2017)

Ich bin davon überzeugt, dass mit meinem Wissen, das ich in diesem Buch publik mache, im Laufe der Jahre hunderte, vielleicht sogar tausende Frauen ihren Brustkrebs besiegen werden. Ich zeige Wege, die viele andere Brustkrebspatientinnen erfolgreich gegangen sind.

Die größten Heilerfolge in meiner 51köpfigen Krebsselbsthilfegruppe hatte ich mit Brustkrebspatientinnen. Dies war für mich die Motivation, als Mann ein Buch über Brustkrebs zu schreiben.

„Ein gesunder glücklicher Hund dank hochenergetischer Globuli" (2017)

Hunde leben im Hier und Jetzt und sprechen deshalb besonders gut auf energetische Behandlungen an.

Mein Ziel ist es, dem Hundehalter zu zeigen, wie er selbst mit einfachen energetischen Mitteln seinen Hund gesund und glücklich machen kann.

In diesem Buch erkläre ich, warum individuell geprägte hochenergetische Globuli dafür bestens geeignet sind und wie diese Globuli selbst geprägt, das heißt energetisch aufgeladen, werden können.

Besuchen Sie mich im Internet unter

www.sie-kommen-zurueck.de

oder

www.krebsgegner.de